KB177783

The
big **SMALL**

빅
스몰

The big SMALL

빅
스몰

인터넷과 공유경제가 만들어낸 백만 개의 작은 성공

김상훈

자음과모음

프롤로그

커다란 암코양이였다. 살짝 겁도 났다. 하지만 그 고양이는 나를 보자마자 다가와 내 다리를 쓰다듬었다. 그러고는 자신의 옆구리를 내 허리에 비벼대기 시작했다. 내가 침대에 앉아 간단히 짐을 풀자마자였다. 내 침대 위로 올라선 이 고양이의 이름은 수나라고 했다. 나는 수나의 목 뒤와 턱 아래를 살짝 쓰다듬었다. 기분 좋은 듯, 목구멍에서 울리는 듯한 낮은 신음 소리. 고양이는 눈을 지그시 감았다. 만난 지 단 5분 만에 나와 수나는 빠르게 친해졌다. 외로운 출장길, 낯선 동네에서 만난 이 잡종 고양이는 이번 출장에서 내 첫 번째 친구가 되어줬다.

난 유독 혼자 떠나는 일이 많았다. 여행이든 출장이든 늘 그랬다. 혼자 다니는 여정에서 가장 견디기 힘든 순간은 바보처럼 홀로 테이블에 앉아 보내야 하는 식사 시간, 그리고 일과가 끝난 뒤의 시간이었다. 늘 혼자 식사를 하고, 혼자 차를 마시고, 혼자 거리를 지나는 사람을 구경해야 했다. 낯선 언어, 낯선 풍경, 낯선 사람들 속에서 난 도무지 할 일이 없었다. 외로웠다.

2012년 3월, 수나는 내 이런 기분을 달래준 예기치 못한 선물이었다. 수나를 만난 건 미국 서부 실리콘밸리의 벨몬트라는 작은 도시에서였다. 수나는 이 집에 사는 두 마리의 암컷 고양이 가운데 한 마리였고 이 집의 주인은 젊은 일본계 미국인 부부였다. 내가 묵기 얼마 전까지는 필리핀계 미국인 룸메이트와 함께 아파트를 빌려 살았는데 룸메이트가 나가면서 방이 하나 남게 됐다고 했다. 실리콘밸리의 임대료는 살인적이었고, 부부는 집을 줄여야 할까 고민했다. 그러다가 에어비앤비라는 서비스에 집을 내놓아 보기로 결심했다. 나는 이 집의 세 번째 손님이었다.

에어비앤비라는 회사를 알게 된 건 2011년의 일이다. 일종의 온라인 민박 중개 서비스였다. 한 번 써보고 나자 이 서비스의 놀라운 가치를 바로 깨달을 수 있었다. 그 뒤 나는 모든 홀로 떠나는 해외 출장길에서 이 서비스를 통해 숙소를 예약하게 됐다.

집주인 부부 가운데 잘생긴 남편 유타카는 금융권 소프트웨어 개발사로 유명한 인투잇Intuit의 엔지니어였다. 아름답고 친절한 아내 마유코는 런던에서 무용을 전공한 프로 댄서였고, 그들 덕분에 내 출장은 더는 혼자 외로워할 필요가 없는 즐거운 일정으로 변했다. 낮에는 출장 일정을 소화하느라 정신이 없지만, 저녁에 이 부부의 집으로 돌아온 뒤에는 이들이 친구처럼 나를 맞아줬다.

마유코는 남의 얘길 정말 잘 들어주는 사람이라서 내가 취재하는 내용을 궁금해하며 설명해달라고 했고, 유타카는 하는 일이 기술업계의 일인지라 내가 첨단기술 기업들을 취재하러 다니면서 한마디씩 들은 얘기를 하면 금세 맞장구를 치면서 자신의 의견을 덧붙이곤 했다.

그러다가 유타카로부터 재미있는 얘기를 들었다. 그는 자기 사업을 시작할 생각을 갖고 있었다. 실리콘밸리에서는 드문 일이 아니라고 했다. 이곳에서는 재주가 많고 능력 있는 많은 사람이 자기 사업을 꿈꿨다. 시대가 달라졌기 때문이다. 과거에는 창업 비용이 높았지만 이제 모든 비용이 한없이 0원을 향해 질주하듯 줄어드는 중이었다. 노트북 컴퓨터 하나 놓을 공간만 있으면 그곳이 곧 사무실이 됐다.

유타카는 친구들과 함께 매주 주말을 이용해 '스키마토크'라는 서비스를 만들던 중이라고 했다. 그는 개발 초기 단계의 베타버전을 내게 보여줬다. 스키마토크는 일본인을 대상으로 원격 영어 교육을 제공하는 서비스였다. 하지만 이들은 어떤 교사도 고용하지 않고, 학원 공간을 임대할 생각도 없었다. 스키마토크는 인터넷을 통해 영어 교사와 학생을 연결해주는 일종의 영어 교사 중개 사이트였다. 미국의 대학생들은 스키마토크에 영어 교사로 등록하고, 일본의 학생들은 이들에게 25분에 9달러를 내고 회화 수업을 듣는다.

일본에서는 학력이 검증돼 교양 있는 영어를 쓰는 원어민 교사에 대한 수요가 매우 높았다. 미국에서는 영어 교사 아르바이트의 벌이가 괜찮아 아시아로 떠나는 젊은이들이 많았다. 하지만 이 사이에는 격차가 있었다. 일본인은 교사의 수준을 쉽게 검증할 수 없었음에도 교사 수의 부족 때문에 비싼 값을 내고 원어민 교사에게 영어 수업을 들어야 했다. 미국에서는 영어 교사가 벌이가 좋은 직업이긴 했지만, 아르바이트 때문에 한창 나이의 젊은이들이 학교를 떠나 지구 반대편의 나라에서 몇 달씩 생활하는 일이 빈번했다. 스키마토크는 이런 불균형을 이용해 돈을 버는 서비스였다. 유타카 자신이 일본에서 미국 유학을 준비하면서 겪었던 영어 수업에 대한 문제의식이 바로 이 서비스를 만들 생각을 하게 된 배경이었다.

스키마토크는 2012년 4월 말에 정식 서비스를 시작했다. 그새 많은 학생이 자진해서 교사로 등록했다. 사용 횟수도 늘어나고 있으며, 페이스북과 트위터를 통해 입소문도 조금씩 나는 상태다.

유타카의 경우, 평소 꿈꿔왔던 창업에 이르기까지의 과정에서 부담해야 할 위험부담도 과거와 비교해 매우 적어졌다. 똑같은 서비스를 만드는 건 불과 10년 전만 해도 불가능했다. '닷컴 버블'이라 불렸던 인터넷 산업 초기의 광풍이 꺼졌던 그 시기에 미국에서는 초고속인터넷 보급률이 10%에 불과했다. 일본은 5%였다.[1] 한국이 43%의 초고속인터넷 보급률을 자랑하던 때였다. 영상으로 해외의 영어 교사를 만나기 위해서는 빠른 속도의 인터넷 연결이 필수적인데, 그때에는 도저히 불가능했다. 비용도 문제였다. 쉽게 한 번 써볼 수 있는 수준의 가격대가 이런 서비스를 성공시키는 핵심 요소인데 당시 서비스로는 영상통화료를 내는 것부터가 쉬운 일이 아니었다. 서비스를 알리기 위한 마케팅 비용도 천문학적이었고, 하나부터 열까지 모든 걸 다 개발하기 위해서는 직원도 꽤 많이 필요했다.

하지만 10년 사이 세상은 완전히 다르게 변했다. 미국과 일본의 초고속인터넷 보급률은 70%를 넘어섰다. 서비스의 주된 이용 대상이 될 대학생을 중심으로 한 젊은 세대 사이에서는 사실상 초고속인터넷 보급률이 100%에 가까웠다. 유타카는 영상통화 서비스를 만드는 대신 스키마토크 회원들이 스카이프라는 무료 인터넷 영상통화 서비스의 ID를 교환하도록 했다. 그 덕분에 국가를 넘나드는 영상통화 비용은 무료였다. 사실은 스카이프 서비스를 운영하는 마이크로소프트가 비용을 내는 것이지만, 그들은 광고 수입과 유료 통화 서비스 홍보 기회를 얻기 때문에 사실은 이익을 본다. 따라서 유타카는 인프라 투자 비용이 전혀 들지 않아 좋고, 마이크로소프트도 사용자가 늘어서 좋은 방식이었다.

유타카는 서비스 홍보 마케팅은 페이스북과 트위터를 통해 서비스를 한 번 써본 사람들끼리 '입소문'을 내도록 하는 방식으로 해결했다. 돈을 주고받는 건 '페이팔'이라는 결제 서비스를 통해 이뤄졌다. 적은 비율의 수수료를 내면 신용카드가 있는 세계의 누구라도 이 서비스를 이용해 돈을 주고받을 수 있다.

결과적으로 유타카가 완성한 스키마토크는 다양한 기능을 가진 부품을 사다가 끼워 맞춘 조립식 가구처럼 만들어졌다. 실제로 그가 들인 노력도 조금 복잡한 가구를 만드는 수준으로 간단해졌다. 유타카가 별도의 직원을 채용하지 않고도 스스로 대부분의 시스템을 초기에 완성시킬 수 있던 게 이렇게 쉬운 환경이 조성된 덕분이었다. 그는 주말과 퇴근 이후의 자투리 시간만을 이용해 이 서비스를 만들었다.

출장 업무를 마치고 한국에 돌아온 뒤 2주 정도가 흐르자 유타카로부터 연락이 왔다. "드디어 스키마토크 서비스가 시작됐어! 한 번 써보고 피드백 부탁해!"라는 내용이었다. 서비스는 훌륭했다. 버클리 캘리포니아 대학에 다니는 한 여대생이 내게 영어를 가르쳐줬다. 내가 습관적으로 잘못 사용하는 단어를 바로잡아주는 건 물론이고 특정 모음의 발음 오류까지 지적해줄 만큼 통화 품질은 좋았다.

유타카가 아주 적은 비용과 적은 위험부담만으로 창업에 성공할 수 있던 건 그가 사용했던 모든 것들이 공유share에 기반을 둔 새로운 형태의 기술이었기 때문이다.

인터넷에는 서비스를 제공하는 중심 사업자가 없다. 물론 소비자는 통신사로부터 회선을 빌리는 대가로 통신요금을 내고 서비스를 사용하지만, 인터넷은 기본적으로 공유의 개념에서 출발했다. 내 컴퓨터와 다른 컴퓨터 사이의 연결을 수백, 수만, 수억 대의 컴퓨터로 수평적으로 확장시킨 게 인터넷이다. 한 사람의 컴퓨터는 다른 사람의 연결을 돕는 허브가 된다. 무임승차란 존재하지 않고, 모두가 평등하게 안정적인 네트워크를 완성하기 위해 노력한다. 그 덕분에 사실상 비용 부담이 없는 네트워크가 완성됐다.

스카이프가 무료로 서비스를 제공할 수 있던 것도 바로 이런 식으로 만들어진 인터넷 자체의 사용료가 아주 낮았던 덕분이다. 스카이프 무료 통화를 쓰는 사용자들이 늘어나도 이들이 일반 전화를 사용할 때 내는 통화료의 일부를 받는 것만으로도 서비스가 유지되기 때문이다. 페이스북과 트위터는 사람들끼리 의견을 공유하고 관심사를 나누는 데 아주 편리한 수단을 제공했다. 하지만 사용료는 무료였다. 이들도 친구들 사이의 수평적인 연결을 중개하면서 가치를 만들어냈고, 서비스를 만드는 데 들어가는 원가를 계산하기보다 의미 있는 서비스부터 만들겠다는 생각으로 일을 벌였다. 결과적으로 이런 소셜 미디어 덕분에 유타카는 이를 최고의 마케팅 도구로 쓸 수 있었다. 페이팔도 아주 적은 수수료를 받는 것만으로 사람들이 쉽게 금전 거래를 할 수 있도록 돕는 수단이었다. 은행을 통하는 대신 인터넷을 통하면 훨씬 더 값싼 거래가 가능하다는 걸 페이팔이 증명했다.

이 모든 서비스는 인터넷이라는 거인의 어깨를 밟고 선 난쟁이 같은 서비스였다. 이런 작은 개선들이 인터넷이라는 획기적인 발명 위에 쌓여가면서 우리의 삶은 조금씩 더 편리해졌다. 지금 이 순간에도 누군가의 무릎 위에서는 우리의 삶에 독특한 가치를 부여할 서비스들이 만들어지고 있다. 그런데 그게 어렵지가 않은 일이 됐다. 애플을 창업한 스티브 잡스나 마이크로소프트를 창업한 빌 게이츠는 창업을 위해 창고를 필요로 했지만 오늘날의 기업가들은 책상 위나 카페에 앉아 놀라운 발명을 해낸다. 유타카가 임대사업자가 되기 위해 필요했던 건 에어비앤비의 예약을 받을 수 있는 작은 아이폰 한 대뿐이었고, 교육사업자가 되기 위해서는 책상 위의 노트북 한 대로 충분했다. 이제 작은 거인들의 시대가 열렸다. 이들이 바로 '빅 스몰The Big Small'이다.

1장

우리의 경제는
예전과 다르다

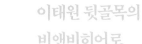

내 아버지는 전국을 돌아다니며 굿과 마을 축제 등 무속에 관한 사진을 찍었다. 30년 전의 일이다. 그는 다큐멘터리 사진가였다. 호텔도, 여관도 부족했던 시절이다 보니 시골을 돌아다니면서 아버지가 묵을 수 있는 숙소는 뻔했다. 운이 좋으면 여관이었고, 대부분은 민박이었다.

아버지는 현지 주민의 집을 두드려 민박을 청했고, 그들이 내준 방에서 잠을 청했다. 함께 밥을 먹으며 이야기를 나눴고, 경험이 반복되면서 그들은 아버지의 친구가 됐다. 제주도의 한 민박집에서는 그 집 아들이 마침 나와 나이가 같았던 모양이었다. 나중에는 내가 제주도로 놀러가 일주일쯤 지내다 왔고, 그 집 형제가 서울에 놀러와 우리 집에서 일주일쯤 지내곤 했다. 민박이란 원래 그런 것이었다. 호텔이나 여관에서는 상상할 수 없는 독특한 일들이 일어나곤 했고, 돈은 오갔지만 그보다 중요한 건 타인에 대한 선의와 배려였다.

미국의 에어비앤비는 단순하게 말하자면 이런 식의 민박을 온라인으로 중개하는 사업이었다. 그리고 그게 장점이 됐다. 전통적인 민박처럼 호텔이나 여관과는 다른 새로운 경험이 생겨날 수밖에 없던 것이다. 아버지의 세대가 제주도 민박집에서 느꼈던 경험이 30년이 지난 지금 세계 각국에서 다시 되살아나기 시작했다.

2008년, 에어비앤비가 처음 사업을 시작했을 때 실리콘밸리의 벤처캐피탈들은 모두 "누가 자기 집에 낯선 사람을 들여놓겠어?"라면서 고개를 흔들었다고 했다. 하지만 지금 이 서비스는 힐튼 호텔보다 더 많은 객실을 소유한 세계 최대의 숙박 서비스가 됐다. 서비스 국가는 192개국이 넘고, 그러니 세계 어디서든 에어비앤비를 찾을 수 있다. 오늘도 수많은 사람이 낯선 이의 집을 찾아다니고 낯선 이를 나의 집에 기꺼이 들인다.

조민성도 에어비앤비에 푹 빠진 사람이었다. 2012년 초의 일이었다. 그는 옷가게와 술집, 멋진 카페가 즐비한 이태원 거리를 지나 약간 음침해 보이는 뒷골목으로 나를 안내했다. 몇 걸음 지나지 않아 계속해서 갈라지는 샛길이 나오는 구불구불하고 복잡한 길이었다.

"이태원 뒷골목이 다 이래요. 재개발을 앞두고 있는 옛 동네거든요."

나지막한 다세대주택의 2층으로는 깨진 유리창이 보였다. 새 유리창으로 갈아 끼우는 대신 집주인은 깨진 유리의 금이 간 부분을 청테이프로 이어 붙여놓았다. 그 옆집에는 엉망으로 자란 담쟁이 덩쿨이 벽을 휘감았다.

"집주인들이 집에 돈을 들일 생각을 하지 않아요. 곧 재개발이 될 거라 생각하기 때문이죠. 그런데 앞으로도 몇 년은 쉽게 재개발되지 못할 가능성이 높아요. 다른 곳도 마찬가지지만, 여기도 보상 문제로 갈등이 심하죠."

민성은 집들을 가리키며 설명했다. '서울의 카오산로드'[2]라고 불리는 이태원의 뒷골목은 을씨년스러웠다. 하지만 이런 집들의 가격은 천정부지로 치솟은 상태였다. 용산 미군기지 이전과 함께 인근 지역이 재개발되리라는 기대가 높아졌기 때문이다. 집값은 서울에서 손꼽힐 정도로 비싸면서도 집들은 하나같이 낡아서 무너지기 직전처럼 보였다.

"이걸 그대로 놓아두면 뻔하죠. 재개발 관련 합의가 되고 공사에 들어갈 때까지 몇 년 동안 외국 관광객들 대부분이 들르는 명소의 뒷골목이 슬럼이 되고 말 겁니다." 민성은 말했다.

우리는 조금 더 걸었다. 관리되지 않은 버려진 듯한 뒷골목 낡은 주택 사이로 눈에 띄는 집이 하나 등장했다. 벽 전체가 키스 해링Keith Haring의 그림을 흉내낸 그래피티(낙서 형태의 벽화)로 가득 채워져 있었다. 집자체는 인근의 다른 주택들과 다를 바 없는 평범한 2층 주택이었다. 하지만 벽의 독특한 그림이 이 집을 눈에 띄게 만들었다. 집 안에 들어서자 출구가 따로 분리된 방들이 등장했다. 각 방에는 샤워 시설을 갖춘 화장실이 따로따로 설치돼 있고, 벽은 산뜻한 파스텔톤의 벽지로 도배가 되어 있었다.

민성은 이 집에 손님을 받고 있다고 말했다. 숙박객이었다. 해외 여행을 다니면서 여러 차례 에어비앤비를 써보다가 맘에 들어서 아예 스스로 한국에서 에어비앤비의 호스트(집주인)가 되기로 결심했던 것이다. 집주인은 자기 집을 빌려주고 관광객으로부터 돈을 받을 수 있었다. 민성은 이를 위해 이태원의 다세대주택을 깔끔하게 다시 정비했다.

"이 지역에서 이런 다세대주택 방 한 칸은 세입자를 못 구하는 경우

개업 당시 비앤비히어로의 사무실. 이태원의 다세대
주택 주인들은 늦어진 재개발사업 일정 때문에 이태
원 뒷골목이 슬럼화하면서 입는 손해를 걱정했지만
비앤비히어로는 오히려 이 지역을 경제적인 숙소로
활용할 수 있는 기회를 찾아냈다.

가 많아요. 그런데 에어비앤비에 내놓으면 월평균 최소 1000달러는 벌어요. 100만 원이 넘죠."

민성은 그냥 집주인을 하는 데서 멈추지 않았다. 그는 에어비앤비 같은 사업을 직접 한번 해볼 생각이었다. '비앤비히어로'라는 한국의 에어비앤비 사업은 이렇게 시작됐다.

시작은 이태원이었다. 외국인은 몰려오는데 한국에는 값싼 숙소가 턱없이 부족했다. 서울이 발전하면서 일류 호텔은 늘어났지만 수많은 외국 관광객들이 모두 일류 호텔에서 묵기를 원하는 건 아니었다. 이들 가운데 일부는 러브호텔을 찾아갔다 낭패를 보기도 했고, 형편없는 숙박 시설을 잘못 소개받은 뒤 바가지 요금을 물기도 했다.

민성은 이태원에 사무실을 냈다. 그리고 동네 사람들을 설득하기 시작했다. 월세보다 벌이가 좋다는 말에 솔깃해하는 사람들은 많았지만 문제는 언어였다. 외국 관광객을 받으려면 집주인의 영어 실력이 훌륭해야 했다. 민성은 에어비앤비는 하지 않는 새로운 서비스를 추가했다. 아르바이트를 모집해 영어와 중국어, 일본어 통역 서비스를 만들었다. 집주인과 손님 사이의 교감은 다소 떨어질지 몰라도 한국을 찾는 주된 관광객인 중국인과 일본인 관광객에겐 도움이 되는 서비스였다.

처음 관심을 보인 건 이태원 뒷골목의 집주인들이었다. 이 지역 다세대 주택 대부분은 수십 년째 이곳에서 살아온 터줏대감들의 집이다. 처음에는 자그마한 단층 주택들이 옹기종기 모여 있는 동네였다. 시간이 지나면서 하나둘 2층집들이 들어섰다. 그리고 재개발 소식이 들리기 시작했다. 용산

미군기지가 이전한다고 했다. 그게 벌써 20년 전의 얘기였다. 처음에는 재개발이 되겠어, 라면서 고개를 절레절레 흔들던 사람들도 실제로 주한 미군이 용산기지 이전을 언급하고, 차차 이전 계획이 가시화되면서 기대를 키웠다.

주택가는 곧 다세대주택들로 붐비기 시작했다. 단층집은 거의 남지 않았고, 2층 또는 3층 주택이 개조돼 여러 세대가 함께 모여 사는 작은 공동주택으로 변해갔다. 하지만 재개발 속도는 예상보다 더뎠다. 이후 이태원은 다른 수많은 재개발 예정 지역처럼 정체되고 말았다. 더 이상 공사도 없었고 보수도 없었다. 깨어진 창문은 청테이프로 둘러 막았고, 멋진 가로수 대신 잡초가 동네 골목길 돌틈 사이를 구석구석 채웠다. 빈 집도 있었다. 위험해 보일 지경이었다.

민성은 "집을 그냥 이대로 놓아두면 돈이 되겠느냐"며 주민들을 설득했다. 환경이 워낙 좋지 않아 세입자가 없는 집이 태반이었다. 방 하나와 부엌, 욕실이 딸린 작은 집이 가득했지만 그런 수준의 방으로는 월세 50만 원을 받기가 힘들었다. 민성은 "우리 집을 보라, 한 달에 1000달러를 번다"며 경로당을 찾아다니며 집주인을 모았다. 처음에는 콧방귀도 끼지 않던 수십 년 된 이태원 터줏대감들도 '요상한 낙서로 벽을 채워놓은 집의 주인'이 외국인 관광객을 상대로 돈을 벌고 있다는 얘기를 꺼내자 귀를 기울였다.

첫 번째 집주인이 되기로 한 건 민성의 얘기를 가장 잘 들어줬던 할아버지였다. "영어는 못 해도 되는 거라고 했제?" "네." "청소도 조 사장네

회사가 다 해준다고 했제?" "네." 몇 번이고 다짐을 받았다. 그리고 방을 내놓아봤다. 손님이 찾아왔다. 할아버지 얼굴에 화색이 돌았다. "오매, 100달러고만. 외화벌이했네."

경로당에서는 신이 난 할아버지의 성공담이 퍼져나갔다. 마을 노인들의 귀가 솔깃해졌다. 어차피 비워놓느라 고생하던 집이었다. 물론 반신반의하는 사람들도 많았다. 당장 집을 어느 정도는 돈을 들여 깔끔하게 보수해야 한다는 사실이 불만스럽기도 했고, 말이 안 통하는 외국인과 얼굴을 마주쳐야 한다는 게 불편하기도 했다. 이태원에 살면서 수없이 본 외국인이지만 그들과 영어로 헬로, 땡큐 이외에 다른 말을 하게 될 줄은 몰랐던 사람들이었다.

이태원은 조금씩 변하는 중이다. 용산구는 용산구대로 이대로 방치해놓으면 앞으로 몇 년간은 슬럼처럼 방치될 뒷골목 주택가가 부담스러웠다. 마침 이태원은 최근 관광객이 늘어나면서 즐거운 비명을 지르며 성장하는 동네였다. 그 열기에 찬물을 끼얹을 수는 없었다. 집주인인 주민들은 주민들대로 골치만 썩이던 집을 다시 바라볼 수 있게 됐다. 이 책을 쓰고 있는 지금까지는 이태원 뒷골목은 여전히 팽개쳐진 상태다. 하지만 전과는 조금씩 달라지고 있다. 이곳은 지금 변화하기 시작했다.

민성의 다음 목적지는 5월 여수엑스포가 열린 여수였다. 그는 이태원과 마찬가지로 여수로 직접 내려가 시민들을 설득했다. 여수의 인구는 30만 명이 채 안 되는데, 엑스포 기간에는 하루 여수시 인구만큼의 엑스포 관람객이 방문할 것으로 예상되었다. 숙소 예약은 일찌감치 끝났고, 관람객은 잘 곳을 구하지 못해 인근 남해군에 숙소를 잡은 뒤 배를 타고 여수

엑스포장으로 이동할 정도였다.

민성은 엑스포 행사 자원봉사자들을 찾아가 설득했다. 집을 내놓으면 관람객이 여수를 더 찾아올 것이고, 그러면 행사도 성공할 수 있다고. 여수시에서는 아무리 허름한 숙소라도 엑스포 기간 동안 숙박비가 두 배로 뛰어오른 상태였다. 하룻밤 묵는 데 10만 원 이하의 가격으로 숙소를 잡는 게 사실상 불가능했던 상황에서 5만 원 이하의 집들이 속속 등장했다. 심지어 교회 건물을 단체 숙소로 내놓고 하루에 1만 원의 요금을 받는 경우까지 나왔다. 기대하지 못했던 일들이 일어나기 시작했다.

민성은 컴퓨터 프로그래머가 아니었다. 컴퓨터를 전공한 적도 없고, 스스로 프로그램을 만들어본 적은 더욱 없었다. 웹사이트를 만드는 기술도 없었다. 외국계 기업에서 임원까지 맡았던 덕분에 업무를 이끌어가는 리더십이나 연륜은 있었지만 기술을 중심으로 창업을 하는 젊은이들과는 달랐다. 그가 비앤비히어로 사업을 시작했을 때의 나이는 쉰에 가까웠다.

그래서 그에겐 더욱 사업을 성공시키고 싶은 의지가 있었다. 기술이 부족해도, 체력이 다소 뒤져도, 사회가 그에게 늦었다는 인식을 강요한다고 해도 다 극복 가능해 보였다. 그는 모든 걸 따라잡을 수 있다고 생각했다.

사업은 쉽게 시작할 수 있는 일이었고, 크게 실패할 두려움을 갖지 않아도 될 일이었다. 그는 이미 에어비앤비 덕분에 작은 기업가가 됐다. 다른 사람에겐 한 달 월급 정도 될 돈을 빈 방을 빌려주면서 벌고 있었다. 그걸 조금 더 확장하면 기업이 되는 방법을 알게 됐다. 도전을 마다할 이유가 없었다.

하지만 현실에서는 많은 사람이 기회를 마다하고 있다. 그리고 주어진 길만 묵묵히 걷는다. 소명을 따르는 건 존중받고 칭찬받아야 할 일이다. 하지만 세상의 선택은 백만 가지가 됐는데, 사람들의 선택은 그만큼 다양하지 못하다면 어떻게 될까. 그 결과가 지금의 세상인지도 모른다. 불평등이 심해지고, 노력만큼 대접받지 못하는 세상.

나누지 않으면
쏠린다

1997년 이후 한국에서 자살은 더는 뉴스가 아니었다. 너무 흔했다. 그때까지만 해도 한국에는 교과서 역할을 했던 나라가 있었다. 일본이었다. 열심히 일하면 한국은 일본처럼 잘살게 될 것이었고, 소니와 도요타 같은 세계적인 기업들이 한국에서도 나올 수 있으리라 믿었다. 그러기 위해서 한국인은 일본인처럼 사는 법을 배워야 했다. 하지만 1997년 한국인은 교과서가 틀렸다는 걸 깨달았다.

현실은 가혹했다. 열심히, 그것도 묵묵히 일만 해온 근면한 사람들이 가장 먼저 해고됐다. 미국에서 유학하고 왔다는 새파란 젊은이들이 학위와 컨설팅 회사 경력, 투자은행 경력을 내세워 10년 또는 20년 경력 차이를 단숨에 뛰어넘었다. 산업화 시대의 가치는 낡은 것이 됐다. 중산층은 점점 줄어들었다. 부자의 수는 2012년까지 끊임없이 늘어났다. 그동안 가난한 사람들의 수는 그보다 수십 배 더 많이 늘어났고, 사람들은 양극화를 얘기하기 시작했다.

불만도 함께 늘어났다. 정부를 향한 반대 여론은 높아져 갔고, 사회의 여론은 적대적인 두 편으로 갈리기 시작했다. 한국 사회가 공유하는 미래에 대한 비전은 사라져버렸다. 개인의 영달이 사회 전체의 주요 관심사가 됐다. 한편으로는 복지를 통한 사회적 평등에 대한 열망이 어느 때보다 높아지기 시작했다.

한국만의 일이 아니었다. 2008년 미국에서 금융 위기가 일어난 뒤 세계 경제가 불안해졌다. 2011년 미국에서는 "월스트리트를 점령하라"는 구호가 나오면서 뉴욕 한복판을 시위대가 차지하는 사태가 벌어졌다. 그리스에서는 1997년의 한국과 비슷한 수준의 금융 위기가 일어나면서 그리스 정부가 한국 정부가 택했던 것과 비슷한 고통스러운 긴축정책을 펴겠다고 나섰다. 그러자 시위대가 여기에 항의하면서 온 나라를 마비시키겠다는 듯 강하게 반대하고 나섰다. 프랑스에서는 2012년 들어 17년 만에 좌파 정부가 정권을 차지했다. 권위주의적 정부가 권력을 잡고 있는 중국과 러시아는 들끓는 반대 여론 때문에 홍역을 앓고 있다.

그리고 모두가 입을 모아 말한다. 문제는 경제였다고.

미국의 불안은 2008년의 금융 위기를 불러온 탐욕스러운 월스트리트의 금융자본이 초래했다. 그리스에서는 유로 통합 이후 방만하게 유지된 국가 재정의 모순이 결국 폭발했다. 프랑스는 우파 정부가 등장했는데도 줄어들 생각이 없는 실업률과 줄어들기만 하는 복지 혜택이 문제였고, 중국과 러시아는 빨랐던 경제성장이 정체되면서 권위주의 정부가 비판받기 시작했다.

문제는 경제라는 진단은 틀리지 않았다. 여기에 또 하나의 문제가 있었다. 바로 불평등이었다. 경제를 붕괴 직전으로 몰고 가놓고도 천문학적인 보수를 챙겨가는 월스트리트의 금융인들은 이런 불평등의 상징이었다. 누군가는 끊임없이 부를 늘려갔다. 국가 경제도 아주 낮은 수준이나마 성장하고 있었다. 하지만 대부분의 사람은 점점 더 가난해졌고, 미래를 더 불안하게 여기기 시작했다. 뭔가가 잘못됐다. 이 시대에는 부자가 점점 더 부자가 됐다. 부의 편중 때문이었다.

디지털 경제는 이런 부의 편중이 어떻게 일어나는지를 잘 보여준다. 음악 산업에 일어난 일을 보면 된다.

2003년 미국 경제가 닷컴 버블의 충격에서 회복됐고, 미국 경제가 다시 성장하기 시작할 무렵, 여전히 바닥을 모르고 추락하는 산업이 있었다. 음반 시장이었다. 1999년 시작된 '냅스터'라는 인터넷 서비스는 수십 년 이상 번영했던 미국 대중음악계에 핵폭탄을 떨어뜨렸다.

낮잠을 자고 일어난 뒤에도 눌린 머리를 다시 매만지지 않고 그대로 돌아다니던 것으로 유명했던 숀 패닝이란 젊은이는 자신의 이런 '낮잠 자다 깬 헤어스타일' 때문에 '낮잠쟁이Napster'라는 별명으로 불리곤 했다. 숀은 이 별명을 자신이 만든 서비스에 붙였다. 2001년 최고의 인기를 얻었던 냅스터라는 인터넷 서비스의 시작이었다. 냅스터는 사람들이 돈을 내지 않고도 인터넷에서 최신 음악을 무료로 다운로드할 수 있게 해줬다. 물론 서비스가 시작되자마자 저작권법 위반이라는 논란이 생기기 시작했다. 음반업계는 이때부터 음악을 불법으로 다운로드 받는 사람들과 전쟁을 시작했고, 그 전쟁은 아직까지도 진행 중이다.

냅스터와 음반업계가 물러설 수 없는 싸움을 벌이던 2003년 4월, 사상 최대의 불황을 겪던 음반업계에 구세주가 나타났다. 물론 이 당시만 해도 누구도 그들을 구세주라고 생각하진 않았다. 바로 애플이었다. 애플은 이 해 MP3 음악 파일로 된 음악 1곡에 0.99달러를 받기로 하고 온라인 음악가게를 열었다. 애플의 새로운 사업 모델은 '아이튠즈 뮤직스토어'라고 불렸다. 냅스터를 통해 여전히 공짜로 음악을 내려받을 수 있는데도 사람들은 이 서비스를 이용해서 기꺼이 돈을 내고 음악을 샀다. 그게 냅스터보다 더 사용이 편했기 때문이었다. 애플은 사업 시작 후 첫 2년 만에 5억 곡의 노래를 팔았다. 2008년에는 40억 곡을 팔면서 월마트를 제치고 세계 최대의 음반 매장이 됐다.[3] 2010년까지 누적 판매된 곡은 100억 곡을 넘어섰다. 겨우 7년 만의 일이었다.

하지만 이 기간 동안 냅스터와 그 아류였던 인터넷 음악 서비스 탓에 세계 최대 레코드 소매점이었던 타워레코드가 2004년 결국 파산하고 말았다. 타워레코드의 뒤를 이어 세계 최대의 음반 판매점이 된 월마트도 아이튠즈 뮤직스토어에 추월당했다. 심지어 월마트는 세계 15개국 8500여 개 매장에서 생필품과 함께 음반을 팔았지만 아이튠즈를 따라잡지 못했다. 아이튠즈 뮤직스토어는 세계 단 51개국에서만 음악을 팔았기 때문에 사실상 점포 수도 세계 51개에 불과했다. 월마트와 비교하면 51:8500의 싸움이었지만 결국 애플이 이겼다. 그리고 음반 판매를 통한 수입의 상당 부분을 애플이 가져갔다.

타워레코드와 동네 레코드숍, 앨범 재킷 제작업체와 CD 포장업체,

배송업체 등등 다양한 이해관계자가 존재했던 산업은 디지털 기술의 발달과 함께 증발해버렸다. 불과 10년 전만 해도 누구도 디지털 상품이 손에 잡히는 유형의 음반을 대체하리라고는 예상하지 못했다. 심지어 디지털 음악 파일은 음질마저 CD나 레코드판보다 뒤졌기 때문이었다.

음악 산업에서 보듯, 기술의 발전은 늘 부의 집중을 불러왔다. 이 때문에 산업혁명 초기의 노동자 계급은 자본가를 증오했다. 그들이 생산수단인 공장을 소유하고 있었고 생산된 제품으로 인해 생겨난 가치의 대부분을 가져갔기 때문이었다.

인터넷도 마찬가지였다. 인터넷이 새로운 산업이 되면서 모두가 그 가능성에 열광했다. 증기기관의 발명과 다를 바 없었다. 하지만 넷스케이프와 야후의 성공 이후 10여 년. 사람들은 다시 실망했다. 가능성이 성공으로 이어진 건 극소수에 불과했기 때문이다. 구글과 페이스북, 유튜브와 트위터에 사람들은 열광했다. 하지만 그 열광의 대상이 되는 서비스로 금전적인 이익을 보는 건 소수였다. 인터넷을 사용하는 사람들의 숫자는 기하급수적으로 늘어나는데도 인터넷에서 선택되는 서비스의 숫자는 수백 개 수준에 불과했다. 물론 소비자들은 이 덕분에 값싸고 편한 서비스를 이용할 수 있게 됐다. 문제는 개인들이 수십 원에서 수백 원 수준의 이익을 보는 동안 수천억 원대의 매출을 일으키고 수천 명을 고용하던 기업들이 문을 닫기 시작했다는 사실이다.

아이튠즈 뮤직스토어 덕분에 소비자는 음악을 훨씬 싼 값에 살 수 있게 됐다. 소비자의 이익이었다. 또 아이튠즈는 기존의 음악산업 시스템에서는 성공하기 어려웠던 작은 음악가에게도 성공의 기회를 안겨줬다. 디지털이라는 특성 때문에 입소문만으로도 노래를 판매할 수 있고, 전국의 레코드숍에 음반을 배급할 배급력이 없어도 아이튠즈에서 세계를 상대로 음악을 배급할 수 있기 때문이었다. 인디 가수에게 기회가 열렸다.

반면 레코드숍은 모두 문을 닫기 시작했다. LP와 CD의 앨범 재킷을 애써서 디자인하는 수요도 확 줄어들었다. 음반의 해외 판매는 더 빨리 줄어들기 시작했다. 소비자의 가치는 늘어나고 애플도 돈을 벌었지만 일자리는 훨씬 줄어들었다. 산업의 규모도 작아지기 시작했다. 그리고 결과적으로 음악가들은 이제 과거처럼 더 좋은 음악을 만들 투자를 받지 못한다고 불평하기 시작했다. 소비자들도 장기적으로는 다양한 음악을 듣지 못하게 될 가능성이 높아졌다.

음악산업의 예를 들었지만 사실 이같은 변화는 모든 영역에 걸쳐 일어나고 있다. 부는 소수의 손에 집중되고, 훨씬 많은 사람이 이런 부자들의 자선에 기대어 살아가야 하는 상황이 만들어지기 시작했다. 팰로앨토 리서치센터PARC의 객원 연구원인 W. 브라이언 아서는 디지털 기술이 만들어내는 이런 경제를 '제2의 경제the second economy'라고 부르며 이렇게 말했다.

"제2의 경제는 우리 앞에 놓여 있는 한 세기 동안 우리에게 번영을 가져다주는 가장 중요한 엔진이 될 것이다. 하지만 번영은 줄지 몰라도 이런 경제는 직업은 주지 못한다. 따라서 번영에 접근할 수 있는 사람은 아주 소수에 불과할 것이다. 결국 나는 제2의 경제에서 가장 중요한 가치는 어떻게 번영을 만들어내느냐보다 어떻게 번영을 나눌 것인가가 되리라고 생각한다."[4]

따라잡을 수 없는 세상처럼 보였다. 생각지 못했던 기술 발전 때문이다. 인터넷과 디지털 기술은 일반인은 도저히 따라잡을 수 없는 속도의 시대를 탄생시켰다.

슈퍼컴퓨터가 우리의
직업을 빼앗는다고?

"데이지, 데이지. 뭘 어찌 해야 할지 대답을 들려줘. 나는 반쯤 미쳐버렸어. 당신을 사랑하니까……." 스탠리 큐브릭 감독이 1968년 만든 영화 〈2001년 스페이스 오디세이〉에서 인공지능 컴퓨터 할HAL은 주인공 데이브에게 살려달라고 애원했다.

그전에 이런 일이 있었다. 너무나 똑똑해서 우주선 '디스커버리 원'의 조종을 도맡았던 인공지능 컴퓨터 할은 그 놀라운 지능을 바탕으로 합리적인 결론을 내렸다. 인간이 '임무의 방해 요소'라는 결론에 이르게 된 것이었다. 그러자 할을 만든 인간들은 할에 의해 죽음에 이를 상황이 됐다. 승무원 가운데 한 명이었던 데이브는 할을 수동으로 작동 중지시키기 위해 할의 방해에도 불구하고 힘으로 통제실에 접근한다. 그러고는 할의 모듈(부품)을 하나씩 뽑으며 시스템을 중단시켜 나갔다. 할은 그 과정에서 "그만둬요, 데이브"라며 자신이 처음 만들어졌던 초기 상태까지 퇴행하기 시작했다. 그러고는 그가 '어린 시절 부르던 노래'였던 〈데이지 벨〉이란 노래를 부르며 작동을 멈춘다.

할은 '인공지능 컴퓨터'의 대명사였다. 동시에 IBM을 뜻하는 이름이기도 했다. HAL의 다음 글자를 각각 모으면 IBM이 되기 때문이다. 할이 마지막으로 부르는 노래였던 〈데이지 벨〉은 1961년 IBM이 만든 컴퓨터 'IBM 7094'가 음성과 반주를 합성해 실제로 불렀던 노래로 '컴퓨터가 부른 최초의 노래'였다.

노래를 부를 줄 아는 컴퓨터였던 IBM 7094가 사람들에게 인공지능 컴퓨터의 두려움을 상기시켰던 순간 이후로 50년이 흘렀다. 눈부시게 발전한 기술은 영화 속의 할을 현실 세계로 불러냈다. 물론 영화처럼 암울하진 않았다. 새로 등장한 IBM의 컴퓨터는 스스로 학습하고, 생각하고, 문제의 답을 찾아내는 인공지능 컴퓨터였지만 이름은 할이 아니라 '왓슨'이었다.

두려워할 필요까지는 없었지만 왓슨은 어떤 의미에서는 할보다도 훨씬 더 놀라웠다. 2011년 2월, 왓슨은 〈제퍼디〉라는 유명 TV 퀴즈쇼에 출연해 최고의 인간 퀴즈 챔피언과 퀴즈 대결을 펼쳤다. 상대는 제퍼디쇼에서 74회나 우승했던 역대 최다 우승자 기록 보유자 켄 제닝스, 그리고 '왕중왕'전에서 이 최고의 챔피언 제닝스를 꺾었던 역대 최다 상금 수상자 브래드 루터였다.

첫 대결에서 왓슨의 성적은 루터와 함께 5000달러를 벌어 공동 1위였다. 하지만 사흘 동안 이어진 퀴즈 대결이 끝날 때 두 명의 인간은 왓슨의 상대가 되지 못했다. 왓슨은 인간 최고의 퀴즈 챔피언 두 명을 압도했다.

9월의 뉴욕 요크타운은 단풍을 기대하기는 약간 이르지만 기분 좋게 따뜻하고 상쾌한 날씨를 자랑한다. 끝없이 늘어진 것 같은 거대한 숲을 헤치고 들어가면 갑자기 숲길 사이로 뻥 뚫린 광장 같은 벌판이 드러난다. 그 벌판 위에는 돌로 벽을 두른 거대한 원형 건물이 버티고 서 있지만 위압적이지는 않다. 주민들의 요청으로 높이를 제한한 2층 건물이기 때문이다. 이곳이 IBM이 자랑하는 왓슨 리서치 센터다.

"왓슨이 어떻게 생겼는지 보세요."

IBM의 홍보를 맡고 있던 마이클 로런은 한참 공사 중이던 스튜디오에서 거대한 검정색 쇳덩이를 가리켰다. 겉보기에는 그저 수많은 전선이 휘감고 있는 검정색 대형 냉장고 다섯 대처럼 보였다. 그게 왓슨이었다. 할을 떠올리게 만든 IBM이 특별 제작한 슈퍼 컴퓨터.

왓슨 개발팀의 에릭 브라운 박사는 내게 '왓슨이 생각하는 법'을 설명했다. 마이클도, 에릭도 왓슨을 얘기할 때면 늘 사람을 부르는 것처럼 'he(그)'라는 대명사를 사용했다. 기계나 사물을 일반적으로 일컫는 'it(그것)'이란 말은 단 한 차례도 들을 수가 없었다. 약간 으스스했다. 에릭이 해준 설명은 이런 으스스함을 더욱 강하게 만들었다.

사람은 아기 시절 본능을 갖고 태어나 생존을 유지한 뒤, 점차 지식을 기억하고 쌓아가면서 다른 생물보다 더 고등한 판단을 내리고 독특한 활동을 벌인다. 왓슨 또한 마찬가지였다. 조립되고 난 뒤에는 사람이 지식을 학습하듯 스스로 백과사전과 신문과 잡지, 교과서와 소설 등을 읽는다. 물론 종이로 된 책과 신문을 카메라로 읽는 건 아니다. 대신 왓슨은 웹을 뒤진다. 그리고 사람이 지식을 쌓아가는 것과 흡사하게 스스로 웹에서 읽

미국 뉴욕 주 요크타운의 IBM 왓슨연구소에 있는 세
계 최고의 인공지능 컴퓨터 왓슨. 이 컴퓨터는 인간
퀴즈 챔피언과의 퀴즈시합에서도 승리를 거뒀다.

은 내용을 나름의 분류 체계에 따라서 분류한다. IBM의 연구진들이 분류해주는 게 아니라 왓슨 스스로 분류를 한다는 게 중요하다. 예를 들어 '채소'는 '배추'나 '콜리플라워' 같은 단어와 자주 함께 등장하게 마련이다. 그렇다면 왓슨은 이 세 개의 단어가 서로 연관이 있는 단어라는 사실을 통계적으로 추론한다. 이렇게 분류된 지식을 이용하고 등장하는 빈도를 분석하면 배추가 채소의 한 종류라는 지식을 쌓을 수 있다.

에릭은 왓슨이 퀴즈쇼에 나가기 전 문제를 맞추기 위해 연습하던 과정도 보여줬다. 가장 인상적이었던 장면은 왓슨이 해답을 잘 모르겠는 문제에서 오답을 말하지도, 포기하지도 않은 채 답을 하지 않은 상태로 머뭇거리는 모습이었다. 에릭은 "왓슨이 대단한 건 복잡한 계산을 순식간에 수십만 번 하는 능력이 아니라 '정답일 가능성'을 판단한 뒤 스스로 '자신감'을 갖고 '베팅'까지 한다는 점"이라고 말했다.

왓슨은 이런 식의 독특한 능력을 갖기 위해 다른 컴퓨터와 전혀 다른 방식으로 설계됐다. 일반적인 컴퓨터는 계산을 담당하는 '프로세서'와 정보를 저장하는 '저장장치', 그리고 프로세서와 저장장치를 연결하는 임시 저장공간인 '메모리'로 구성된다. 사람의 두뇌가 속셈도 하고, 기억도 하고, 기억 속 정보를 꺼내 현실의 문제를 해결하기도 하는 것과 비슷하다. 왓슨도 이런 구조를 갖고 있다. 하지만 컴퓨터는 문제가 주어졌을 때 사람처럼 즉각적으로 응답하지 못한다. 왓슨은 다르다. 사람처럼 행동하기 위해 IBM이 개발한 세계 최고 수준의 슈퍼컴퓨터 '블루진' 컴퓨터의 프로세서를 사용해 계산 속도를 높였다. 또 다른 컴퓨터라면 그저 '임시 저장소'로만 사용하는 메모리를 약 10TB(테라바이트) 가까이 사용한다. DVD 2000장 분량에 해당한다. 사람이 모든 기억을 순간적으로 해내는 걸 흉내 내기 위해 대부분의 기억을 하드디스크 대신 반응이 빠른 메모리 반도체에 올려둔 것이다. 에릭은 "왓슨이 풀어내는 문제 하나를 최신 개인용 컴퓨터로 풀려면 한 문제에 2시간이 걸리는데, 왓슨은 2~3초면 푼다"고 했다.

이 말은 왓슨은 독립된 개체라는 뜻이었다. 네트워크에 연결돼 있지 않은 채 새로 받아들이는 모든 정보를 학습하면서 지식을 키우는 컴퓨터다. 왓슨은 영화를 보고, 신문을 읽고, 스캐닝된 책을 탐독한다. 그리고 이렇게 받아들이는 정보를 쌓아두기만 하는 대신 마치 사람이 지식을 구조화하듯 통계적 분류를 통해 지식을 재분류하고 관련 지식을 모은다. 질문에 빨리 답하기 위해, 즉 사람처럼 빠른 판단을 하기 위해서다.

그리고 퀴즈쇼 이후 IBM은 드디어 민간에 왓슨을 판매하기 시작했다. 이는 이른바 '왓슨의 첫 일자리' 프로젝트라고 불렸다. 왓슨이 이렇게 찾은 첫 직장은 텍사스의 '세톤 헬스케어 패밀리'라는 병원이었다.[5]

예를 들어 의사가 환자의 증상을 왓슨에게 말해주면 왓슨은 수만 건의 임상시험 결과를 기억해뒀다가 환자의 증상에 따른 병명을 추론해 의사에게 말해준다. 최종 결정과 진료는 의사가 하지만, 어떤 의대생이나 간호사도 할 수 없는 조언을 순식간에 전문의에게 제공할 수 있는 게 왓슨의 특징이었다.

물론 에릭은 "왓슨이 사람의 두뇌를 흉내 내 고안된 프로그램이라는 건 맞지만 사람과 비교하면 아직 부족한 부분이 많다"고 말했다. 예를 들어 사람은 수많은 정보를 의식적으로 받아들이지 않는 대신 무의식에 저장해둔다. 그리고 무심코 흘려보냈던 정보를 필요한 순간에 놀랍게 끄집어낸다. 우리의 두뇌는 우리 스스로가 그 정보를 기억하고 있었다는 사실도 모르는 채 이런 일을 순간적으로 해낸다. 아직 인간의 지식으로는 이런 뇌의 신비를 똑같이 흉내 내는 일을 하지 못한다. 다만 왓슨은 사람과는 달리 한 번 기억한 기억을 왜곡시키는 일이 없다. 왓슨의 기억은 정확하다. 왓슨에게 '번득이는 영감'은 없지만, 사람과는 달리 이 기계는 건망증을 모른다.

왓슨과 같은 기계는 사람들을 점점 더 뒤처지게 만든다. 개발사인 IBM은 "기계가 사람의 일자리를 빼앗는 일은 없을 것"이라고 얘기하지만, 그 설명 사이에는 늘 한 문장이 생략돼 있다. "(사람들이 새로운 기술을 이해할 만큼 열심히 공부한다면) 기계가 사람의 일자리를 빼앗을 일은 없다"는 얘기다.

역사적으로 새로운 기술이 발전할 때마다 인류는 이 기술로 인해 일자리를 잃었다. 산업 혁신이 생산성을 늘려 더 많은 사람을 고용하는 풍요의 시대를 열어주리라는 가설은 '너무 빠른 기술 발전' 탓에 뒤집혔다. 산업혁명 초기의 영국에서는 증기기관을 이용한 방직기가 방직공의 일자리를 대체했는데 밀려나는 방직공은 다른 산업으로 흡수되지 못했다.

이들을 받아들일 공장의 기계는 수십에서 수백 명의 인력을 대체하는 생산성을 보였는데, 당시에 생겨난 공장의 일자리로는 이렇게 빠르게 거리로 내몰리는 방직공 실업자를 감당할 수 없었기 때문이다. 사람은 기계처럼 빠르게 새로운 지식을 배우지 못했다. 지금도 이런 속도는 마찬가지다.

대공황을 마무리한 미국 기업들 또한 1930년대 초에는 새로운 직원을 고용하지 않았다. 대신 그들은 기계를 사들였다. 지금 우리 시대에 일어나고 있는 일도 크게 다르지 않다. 미국의 경우를 보자면 1970년대 이전까지는 경기가 상승하는 시기에 일자리가 3.5%씩 늘어났다. 하지만 1980년대부터 일자리 상승률은 경기 상승 시기에도 2.5%로 주춤하더니, 21세기에 들어서는 경기가 좋아지는 동안에도 고용이 감소하는 엉뚱한 결과가 나왔다. 『뉴욕타임스』는 이런 현상을 가리켜 '신 빈곤층the new poor의 증가'라고 설명했다. 중산층의 삶을 평생 누려왔는데 갑자기 공적 지원에 기대 살아야 하는 수준으로 전락해버린 사람들을 얘기하는 표현이었다.[6] 우리 시대의 산업 발전은 더는 많은 일자리를 보장하지 않는다.

왓슨의 사례처럼 지금 기술이 발전하는 속도, 그리고 기업이 컴퓨터를 사들이는 속도는 인류가 여지껏 경험해왔던 발전의 속도 가운데 가장 빠른 속도가 됐다. 역사상 어느 때도 지금처럼 강력하게 엄청난 기계들이 모든 산업에 걸쳐 파괴적인 혁신을 이끌어냈던 적은 없었다.

이는 통계로도 입증된다. 2012년 초, 구글의 에릭 슈미트 회장 등이 참석했던 미국 대통령 직속의 과학기술위원회는 독일의 컴퓨터 과학자 마르틴 그뢰첼Martin Grötschel의 연구를 인용해 1988년부터 2003년까지의 컴퓨터 기술 발전 속도를 소개했다.[7] 그뤼첼 교수에 따르면 이 시기 동안 컴퓨터의 성능은 약 4300만 배 발전했다. 두 가지 덕분이었다. 하나는 더 빠른 프로세서의 발명이었고, 또 다른 하나는 소프트웨어에 사용되는 알고리듬의 개선이었다.

'무어의 법칙' 등으로 알려져 있듯 컴퓨터의 복잡한 계산 과정을 처리하는 반도체 가운데 하나인 프로세서의 발전 속도는 놀라웠다. 약 15년 동안 무려 1000배나 빨라진 것이다. 대단한 숫자이긴 한데 알고리듬과 비교하면 아무것도 아니었다.

프로세서가 하드웨어라면 알고리듬은 소프트웨어다. 프로세서가 컴퓨터의 육체라면 알고리듬은 컴퓨터의 정신이다. 이 알고리듬은 같은 기간 동안 4만 3000배 개선됐다. 하드웨어도 따라잡기 힘든데, 소프트웨어 기술은 말 그대로 세상을 뒤흔든 것이었다.

일이 이렇게 진행되자 생각지 못했던 현상들이 나타났다. 프로그래머나 금융공학자, 전문 경영인, 의사와 법률가 같은 고급 기술을 가진 사람들의 수입은 계속 늘어났다. 당연한 일처럼 보인다. 그리고 이런 고급 기술을 갖지 못한 사람들의 임금은 정체되거나 줄었다.

그런데 이게 묘했다. 기술과 임금의 관계는 저급 기술에서 고급 기술로 올라갈수록 정비례하지 않았다. 경리보다 은행원의 임금 증가폭이 높고, 은행원보다 회계사가 임금 증가폭이 크며, 회계사보다 기업 최고재무책임자CFO의 임금이 빠르게 늘어나는 게 아니었다. 직업별로 기술이 복잡해질수록 해당 직업 종사자의 경제적 수입이 높아지는 정비례 곡선이 아닌 새로운 형태의 곡선에 따라 증가했다. 'U자 곡선'이었다.

최근 10년 동안 가장 수요가 줄어든 산업 분야는 기술 가운데에서도 중간 단계에 머문 기술들이었다. 고급 기술은 물론 괜찮았다. 그런데 별것 아닌 수준이라 여겨졌던 기술들도 의외로 수요가 괜찮았다. 문제는 평균적인 기술이었다. 말하자면 대학 교육을 받은 도서관 사서와 은행원, 또는 기술을 수련해온 공장의 숙련공 등에 대한 수요는 급격하게 줄어들었는데, 중학교만 나온 정원사나 미용사, 간병인의 수요에는 별로 변화가 없었던 것이다.

이 시대의 기계가 점점 인간의 육체적 능력 대신 인간의 정신적 능력을 대신해왔던 데 따른 결과였다.

왓슨이 대체하기 시작한 영역이 바로 이런 영역이었다. 임상시험 결과를 외운 뒤 경험에 따라 환자의 상태를 조언해주는 일은 의사의 영역이다. 왓슨은 이를 대체하지 못한다. 사실은 대체할 수도 있지만, 왓슨이 의사가 주는 환자에 대한 신뢰까지 대체하지 못한다는 게 더 맞는 표현이다.

반면 왓슨은 분명히 병원의 많은 중간 일자리를 대체할 수 있다. 진료기록을 보고 통계적으로 임상기록을 검토하는 일은 왓슨이 사람보다 낫게 마련이다. 또 다른 왓슨의 직장인 금융권의 대출심사도 마찬가지다. 은행의 중요한 의사결정까지는 왓슨이 대체하지 못하지만, 각종 위험도를 따져 대출을 원하는 고객에게 이자율을 정해주거나 대출 가능 여부를 판단하는 일에는 왓슨이 사용될 수 있다. 이렇게 디지털 기술은 과거에는 '인간만의 독점적 영역'이라고 받아들여졌던 정신노동의 영역으로 들어

오기 시작했다. 그리고 사람이 "사실 왓슨이 우리보다 정확해"라고 말하게 되는 순간 왓슨은 고등 직업까지도 대체할 수 있을 것이다.

하지만 체스 게임에서 교훈을 찾아볼 수 있다. 1997년, 인간 가운데 최고의 체스 챔피언이었던 게리 카스파로프는 IBM이 만든 1000만 달러짜리 슈퍼컴퓨터 '딥 블루'에게 패했다. 그 뒤로 컴퓨터를 이기는 인간 체스 챔피언은 더 이상 나오지 않았다. 그렇다고 딥 블루가 영원한 챔피언이었던 것도 아니다. 딥 블루는 곧 챔피언 자리를 내줬다. 더는 뛰어난 슈퍼컴퓨터가 아니었다. 컴퓨터를 사용하는 인간과 기계의 팀이 잇따라 딥 블루에게 승리했다.

인류는 기계와 겨룰 때마다 늘 최악의 시기를 보내야 했다. 인간은 결코 기계를 이길 수가 없기 때문이었다. 하지만 기계와 인류가 겨루는 시기는 재능 있는 기업가를 영웅으로 만들어내는 시기이기도 했다. '구하기 쉬운 풍부한 노동력'과 '기술 혁신으로 인해 그 어느때보다 값싸진 기계'가 시장에 넘쳐나기 때문이다. 『기계와의 경주 *Race Against the Machine*』를 쓴 MIT 슬로언 비즈니스 스쿨의 에릭 브린욜프슨과 앤드류 맥아피는 "남아도는 인간의 능력과 쉽게 구할 수 있는 기계의 능력이 결합될 때 인간과 기계의 팀은 세계 최강이었던 딥 블루를 이기고 다시 체스 챔피언이 될 수 있었다"고 진단했다.[8]

그동안 사람들은 경기 불황이 '상위 1%'의 탓이라고 쉽게 말해왔다. 잘못된 말은 아닐 것이다. 세상에는 소득 상위 1%의 사람들이 지나치게 많이 번 뒤, 분배에 관심없이 재산을 지나치게 사용하는 경향이 있다. 하지만 우리는 지금 기계와 겨루는 최악의 시기를 보내고 있는지도 모른다. 그래서는 이길 수 없다. 중요한 건 기계와 팀을 이루는 방법이다.

책을 돌려 보는 창고업,
공유의 시대가 온다

내게 책은 늘 처치 곤란이었다. 집 안에서 공간은 잔뜩 차지하고 있는데도 정작 뽑아보는 일은 거의 없었다. 책꽂이의 책 가운데 1년에 한 번도 꺼내보지 않는 책이 10권 가운데 9권은 넘을 것 같았다. 실제로는 더 될는지도 모른다. 책과 함께 사는 삶이란, 말은 그럴싸했지만 사실은 고생길이었다. 이사라도 하려면 책이 많다는 이유로 웃돈을 얹어 줘야 했고, 벽이란 벽을 책꽂이로 가득 채우고도 늘 책을 꽂을 곳이 부족해 고생해야 했다.

그래서 내 집에서 가장 값나가는 물건이란 TV나 냉장고가 아니라 책이었다. 고상하게 책의 정신적 가치를 얘기하려는 게 아니다. 실제로 가장 비싼 게 책이다. 서울 시내 아파트의 평당 전셋값이 1000만 원에 가까운 가운데 서가는 집에서 침대에 이어, 혹은 침대보다도 넓은 공간을 차지한다. 평당 전셋값을 임대료로 환산해보면 이게 얼마나 비효율적인 일인지 알 수 있다.

그래서 난 책을 없애는 중이다. 음악 CD와 LP를 모두 정리하고 MP3 파일만 보관하고 있는 것처럼, 사진앨범과 비디오테이프도 디지털 파일로 변환했던 것처럼, 책도 전자책으로 바꾸기로 했다. 종이책은 검정색 레코드판이나 낡은 앨범 흑백사진처럼 독특한 매력을 갖고 있긴 하지만, 쉽게 내용을 검색해볼 수도 없고 특정 부분을 복사해 다른 글에 옮겨 적기도 불편하다.

다른 방법을 고민하다 찾은 방법이 전자책 변환이었다. 일단 책 표지를 뜯어내고, 책을 낱장으로 분해한 뒤 양면 스캐너를 하나 사서 스캔을 시작했다. 스캐너에는 광학문자인식OCR이란 기능을 하는 소프트웨어가 동봉돼 오는데, 이 기능을 사용하면 98% 이상의 문자를 텍스트 파일로 정확하게 옮길 수 있다. 검색과 복사하기, 붙이기 등이 가능해진다.

하지만 이런 방식에 거부감을 갖는 사람도 많았다. 책을 뜯어서 분해하다니. 누군가에겐 상상도 할 수 없는 일이었다. 책을 태블릿PC의 화면으로 읽는다고? 역시 상상하기 어려운 일이었다. 책이란 자고로 커피 한 잔을 옆에 놓고 편안한 의자에 앉아 손에 들고서 한 장 한 장 페이지를 넘기는 제품이었다. 그 경험은 최고급 오디오로 음악을 듣거나 최고급 홈시어터로 영화를 감상하는 일에 맞먹지만 그 비용은 이런 취미에 훨씬 비할 바 없이 저렴하다.

금동근이 그런 생각을 하는 대표적인 사람이었다. 대기업 임원인 동근은 예전에 나와 함께 일했던 회사 선배였다. 그는 아이가 태어나고 난 뒤 집이 점점 좁아져 가서 나와 똑같은 고민을 하고 있었다. 집은 물리적으로 늘어날 리 없는데도 아이 하나가 식구로 들어오자 날마다 쌓여가는 아기 물건들로 집은 점점 좁아졌다. 게다가 아이의 활동 범위도 성장과 함께 늘어났다. 집은 점점 좁아졌다. 무얼 버릴까 고민이 시작됐다.

동근은 일간지 기자였던 시절 책 서평을 쓰는 일을 담당하기도 했다. 자료를 찾고, 읽고, 쓰는 게 직업이다 보니 사회생활과 함께 책이 엄청나게 쌓여갔다. 수천 권의 책을 집에 보관한다는 건 사실 넓은 집을 새로 사는 것보다도 더 힘들고 비용이 많이 드는 일이었다. 그는 다른 방법을 고민하고 있었다. 국민도서관 얘기를 들은 것도 그때였다.

2012년 4월 11일, 마침 국회의원 선거가 있는 날이었다. 나는 경기도 일산 중산동의 작은 사무실을 찾아갔다. 장웅 대표의 사무실이었다. 같은 시간 동근도 스포티지 승용차에 다섯 개의 종이상자를 실었다. 책으로 가득 찬 상자 하나의 무게는 가볍지 않았다. 넓은 SUV의 트렁크가 가득 찼다. 사람을 싣지 않았는데도 액셀을 밟는 느낌이 묵직하게 전해질 정도였다. 우리 모두 투표는 일찍 마친 뒤였다. 11시, 평일이라면 차가 꽤 됐겠지만 휴일 오전의 자유로는 한산했다. 구름도 없었고 날도 그리 덥지 않았다. 2011년 봄은 예년처럼 변덕스럽지 않았다. 좋은 날씨가 이어졌다.

1층에는 치킨을 파는 가게가 있었고, 4층 사무실로 올라가는 입구는 건물 옆으로 돌아가야 찾을 수 있던 작은 사무실, 정문처럼 보이진 않았지만, 실제로 정문 역할을 하는 작은 문으로 들어서니 꼭대기인 4층까지 올라가는 엘리베이터가 나왔다. 4층에 도착하고 나서도 사무실은 반 층을 더 계단으로 올라야 했다. 옮겨야 할 종이상자는 모두 다섯 개. 이 회사의 장웅 대표도 직접 계단을 내려와서 우리와 함께 끙끙대며 상자를 옮겼다.

일산의 국민도서관 서가. 최근 많은 사람이 집에 개별적으로 책을 쌓아두는 대신 이곳에 책을 맡기기 시작했다.

상자를 든 채로 두터운 철문을 열고 들어가니 도서대여점을 연상시키는 서가가 나왔다. 웅은 "가변식 서가"라고 설명했다. "미국의 아마존닷컴이 쓰는 방식"이란 설명도 잊지 않았다. 간단히 설명하자면, 도서관의 서가가 고정식 서가다. 책 한 권당 있어야 할 자리가 있는 서가다. 반면 가변식 서가는 책을 뽑을 때마다 입출고를 컴퓨터에 기록하는 방식이다. 책을 꽂을 때마다 위치를 기록해놓기 때문에 정리하는 사람들만 정신을 차리고 제대로 입출고를 담당한다면 책꽂이에 빈 칸을 남겨두지 않을 수 있다.

웅의 회사 이름은 보리떡 광주리. 회사 이름만으로는 뭘 하는 회사인지 깨닫기가 쉽지 않았다. 하지만 이 회사의 서비스 이름은 좀 나았다. '국민도서관 책꽂이'였다. 쉬는 날에도 웅은 늘 회사에 나왔다. 할 일이 끊이지 않기란 다른 회사와 다를 바가 없었다. 하지만 웅이 바쁘게 일하는 만큼 책꽂이의 사업은 빠르게 성장했다. 회원 수는 불과 1100여 명이었지만 5월 말에 다시 확인했을 때에는 1600명으로 늘어났다. 회원 수가 늘어나는 속도는 상당히 빨랐다. 1월에만 해도 회원 수는 200여 명에 불과했다. 따로 광고를 하면서 회원을 모은 것도 아닌데 이 석 달 동안 입소문이 사람을 모았다.

책이 늘어나는 속도는 회원이 늘어나는 속도보다도 훨씬 빨랐다. '총각네 야채가게', '닌텐도 이야기' 같은 베스트셀러를 썼던 경영서 저자 김영한 씨가 처음 웅의 아이디어를 듣고 감탄하며 책을 내놓았다. 530권의 책이 한 번에 책꽂이의 변동식 서가로 들어왔다. 이날 동근이 들고 온 책도 200권이 넘었다. 동근과 같은 사람들이 늘어나면서 5월 말 기준으로 책꽂이에 보관된 책은 1만 3000권을 넘어섰다. 이런 사람들의 책이 모여 작은 지역 도서관 수준의 책을 모은 것이다. 아직 '국민도서관'은 아니었지만 서비스를 시작한 지 얼마 되지 않았는데도 마을 도서관 수준은 넘어섰다.

웅이 하고 싶었던 서비스는 일종의 '공동 책꽂이'였다. 책은 화폐와 똑같았다. 순환될 때 가치가 생기는 법이지, 단지 속에 들어가 흙 속에 파묻혀 있으면 그저 종이 더미에 불과할 뿐이었다. 대부분의 책은 단지 속의 돈처럼 책꽂이에 꽂힌 채 일생을 보낸다. 누군가의 실내장식은 누군가에게는 꼭 필요한 지식인데도 유독 한국에서는 좋은 책일수록 절판되는 일도 잦았다. 서점에서 살 수 없는 책을 보는 방법은 도서관을 뒤지거나 헌책방을 뒤지는 일이었다. 하지만 도서관은 책을 찾기 힘들기도 하지만 무엇보다 운영 시간이 직장인에겐 현실적이지 못했다. 평일에 책을 빌리러 도서관에 가는 일은 쉬운 일이 아니었다. 헌책방에서 원하는 책을 찾는 건 보물찾기와도 같은 어려운 일이었다.

다른 사람의 책꽂이에는 그런 책이 있을 것 같았다. 시작은 수백 명에서 수천 명 수준이겠지만, 국민도서관 책꽂이에 말 그대로 수십만 명의 사람들이 수백만 권의 책을 맡기게 된다면 이 일은 도서관도 해내지 못한 일을 하는 사업이 될 수 있었다. 그게 웅의 믿음이었다.

"그러니까 이 사업은 창고업이에요. 부동산 사업이죠."

책은 직사광선을 싫어한다며 모든 창문을 막아 약간 음침한 느낌이 드는 서가 사이에서 웅은 내게 그렇게 말했다. 4월 햇살이 내리쬐는 건물

바깥은 환하고 따뜻했는데도 웅은 목까지 올라오는 스웨터를 입은 채 서늘하고 건조한 사무실에 홀로 앉아 컴퓨터 화면만 들여다보고 있었다.

현대사회에서 사람들은 온갖 물건을 사들인다. 너무 많은 물건을 사들이다가 결국 집 안에 모두 보관하지 못하고 사설 창고에 물건을 보관시키는 사람들도 나온다. 미국에서는 길게 뻗은 도시간 고속도로를 달리다 보면 교외로 나가자마자 창고 회사들이 운영하는 각종 창고업체의 창고 부지가 끝없이 펼쳐진다. 주로 화물 컨테이너 형식으로 운영되는 이런 창고의 규모는 지나치게 엄청나서 과연 저렇게 많은 물건이 모두 어디로 가나 싶을 정도다. 그리고 상당수의 컨테이너 주인들이 1년에 한 번도 자신의 물건을 찾아오지 않는다. 1년에 한 번도 쓰지 않을 물건을 보관하느라 돈까지 들이는 셈이다.

쓰지 않는 운동기구, 쓰지 않는 조리기구, 쓰지 않는 가구 등을 보관하기 위해 미국인은 천문학적인 돈을 들인다. 창고업자의 이익은 여기서 나온다. 물건을 맡긴 사람들이 물건을 찾아가지 않을수록 이들은 이익을 본다. 적은 인원으로 많은 물건을 관리할 수 있기 때문이다. 웅의 창고는 좀 달랐다. 국민도서관 책꽂이도 보관료를 받는다는 점에서 전통적인 창고와 다를 바 없다. 앞으로 한 달에 3000원 정도를 받을 계획이다.[9] 하지만 회원이 찾아오지 않을수록 이익을 보는 창고와는 달리 웅의 책꽂이는 회원이 자주 찾아올수록 이익을 보는 시스템을 생각하고 있다. 책을 공유하기 때문이다.

국민도서관의 책꽂이는 모두 8단 높이의 동일한 크기로 제작돼 있다. 한 단에 30권 정도가 들어가니 책꽂이 하나가 240권 정도를 보관한다. 40개 정도의 서가면 1만 권을 관리할 수 있다. 웅은 곧 일산의 현대택배 물류 창고를 임대할 계획이다. 100평 정도 되는 창고인데 보안은 물론 화재 등의 위험으로부터도 상대적으로 더 안전하다. 이곳으로 가면 약 30만 권까지 보관 용량을 늘릴 수 있다. 예상 못한 성공으로 이 공간마저 부족해지는 예외적인 상황이 생긴다고 해도 현대택배로부터 창고를 추가 임대하는 방법으로 해결 가능하다. 하지만 회원이 자주 찾아올수록 이익을 보는 비결은 다른 데 있다.

"지금까지 베타테스트를 하면서 살펴보니까 20% 정도는 늘 대여 중이었거든요." 웅은 책을 빌려가는 회원이 늘어날수록 창고 운영의 부담이 줄어들고, 이는 비용 감소로 이어진다고 말했다. 그러니 100평의 창고를 빌려 사용한다면 실제로는 20%를 더한 120평의 공간을 쓰는 셈이 된다. 또 대여율이 높아질수록 공간 효율은 더 높아진다. 국민도서관 회원은 다양한 책을 읽을 수 있어서 좋고, 회사 입장에선 비용이 절감돼 좋다.

이는 모든 물건을 쌓아두기만 하는 전통적인 창고업에서는 상상할 수 없는 사업 방식이다. 그래서 웅은 늘 책을 빌려가라고 강조한다. 또 적극적으로 책을 맡기는 회원에게 더 많은 책을 빌릴 수 있는 권리를 주기도 한다. 물론 책을 빌려가는 비용은 무료다. 택배비만 부담하면 된다.

그러면 결국 모두에게 이익이 된다. 독자는 다양한 책을 읽을 수 있다. 마을문고가 사라지고 도서관이 늘어나지 않는 데다 동네 책방까지 망해가고 있지만 다시 책을 빌려 읽을 수 있는 곳이 생겨났기 때문이다. 국민도서관에서 책을 빌릴 때 대여기간은 두 달(60일)이다. 읽고 싶은 만큼 충분히 오래 책을 읽을 수 있다. 한 번에 빌릴 수 있는 책도 최대 25권까지다. 물론 자신의 책을 충분히 내놓아서 다른 사람들의 대여를 도와주는 우수 회원의 얘기다.

책을 빌려 읽는 사람이 늘어나면 출판사는 손해일 거라 생각하기 쉽지만 그렇지 않다. 어차피 사람들은 도서관에서, 마을문고에서, 친구들로부터 책을 빌려 읽는다. 그리고 국민도서관은 같은 책을 10권 이상 보관하지 않는다. 한참 인기를 끄는 베스트셀러라면 국민도서관에서는 늘 대출 중일 수밖에 없는 시스템이다. 오히려 출판사 스스로도 제대로 관리하지 못하는 구판, 절판 도서가 국민도서관의 시스템을 통해 다시 유통될 수 있는 기회를 얻게 된다. 이는 출판사 입장에서도 이익이다.

웅은 "국민도서관은 절판된 책이란 결국 '누군가의 책꽂이에 꽂혀 있는 책'이란 생각에서 시작한 서비스"라고 말했다. 사용자가 늘어나면 늘어날수록 책의 생명은 더 길어진다. 출판시장이 어려워지면서 한 쇄를 인쇄할 때 찍어내는 책의 수도 줄었고 책의 유통기간도 짧아졌다. 특히 동네 서점이 몰락하면서 '읽어보고 사는 책'의 수도 급격히 줄어들었고, 베스트셀러는 여전히 잘 팔리고 있지만 출판시장의 허리에 해당할 어느 정도의 판매를 보장하는 책들은 점점 더 빈약해지고 있다. 국민도서관은 이런 불균형을 해소해보려는 시도다.

웅이 사용한 기술은 단순했다. 국민도서관에 회원들이 맡기는 책을 서가에 꽂았다. 그리고 서가마다 번호를 매긴 뒤 어떤 서가에 어떤 책이 꽂혔는지를 적었다. 정확하게 책을 파악하기 위해 책의 고유번호인 ISBN과

책을 맡긴 회원의 회원번호를 결합시켰다. 책이 들고 날 때마다 현황을 관리하기 위한 방법이었다. 이렇게 데이터베이스를 관리한 뒤 회원들에게는 각각의 보관 현황을 웹사이트로 살펴볼 수 있도록 했다. 집에 책을 꽂아놓은 것처럼 자신이 맡긴 책들을 가상의 책꽂이 형태로 보게 하는 것이다. 이와 별도로 다른 회원들의 책도 검색해볼 수 있다.

서지 정보를 검색하는 데에는 많은 시간이 걸리지 않는다. 웅은 국내 첫 인터넷 서점인 '예스24'의 전신이 된 다빈치라는 인터넷 서점의 공동 창업자였다. 이후에도 자신이 직접 창업해 운영하는 인터넷 서점을 꾸려왔다. 이렇게 종이책을 사고파는 노하우가 사람들 사이에서 책을 공유할 수 있는 기술로 응용됐다.

"과연 앞으로도 이런 식일까?"

2011년 8월, 세계 최대의 PC업체였던 HP가 PC 제조업을 포기할 수도 있다고 발표했다. 관련 산업계에서는 충격적인 뉴스였다. 모두가 휴대전화와 태블릿PC로 무게 중심이 옮겨간 시대를 상징하는 사건이라고 얘기했다. 하지만 조금 더 깊이 생각해봐야 한다는 의견이 있었다. IT 업종을 분석해왔던 신영증권의 이승우 애널리스트는 '근본적인 질문'을 강조했다.

그는 "발전 패러다임이 끝났다"고 말했다. 지금까지 컴퓨터 산업은 과잉생산과 과잉소비 덕분에 발전했다는 얘기였다. 단순히 인터넷을 켜고 '포털 사이트 쇼핑 카페'에 접속해 쇼핑 정보를 얻으려는 주부조차도 5년에 한 번 정도는 '최신 컴퓨터'로 집안의 컴퓨터를 업그레이드해 왔다. 어린 초등학생의 학교 숙제를 위해서도 최신 쿼드코어 프로세서가 달린 컴퓨터와 컬러 프린터가 필요했다.

이런 사람들에게는 이런 최신 기계가 필요한 적이 없었다. 그냥 버릇처럼, 관행처럼, 그렇게 신제품을 사는 게 시대에 뒤떨어지지 않는 것이라고 얘기하는 시대였기 때문에 새 기계를 샀던 것이다. 기술은 발전하고 있고 사람들은 뒤처지기 싫어하기 때문이었다.

이런 식으로 세계 인구가 70억 명을 향해 늘어나는 동안 컴퓨터 수요도 함께 증가했다. 아니, 정보화가 진행되는 나라가 늘어났으니 컴퓨터의 수요는 이보다 훨씬 빨리 늘었다. 이 과정에서 많은 회사가 눈부시게 성장했다. 인텔과 HP, 애플과 구글, 소니와 삼성전자 등등. 예를 들기 힘들 정도였다. 하지만 이승우 애널리스트는 "앞으로 컴퓨터 산업은 축소된다"고 주장했다.

"지금 일어나고 있는 IT 산업의 급격한 변화는 사실 우리가 자원을 효율적으로 쓰기 시작하면서 나타나는 일입니다. 예를 들어 오늘날 지구상에는 약 15억 대의 PC가 있죠. 사실 이 가운데 3분의 2는 꺼져 있는 상태예요. 클라우드 컴퓨팅이란 기술을 이용하면 이런 비효율을 줄일 수 있습니다. 바꿔 말하면 지금의 비효율을 수정하면 수요도 3분의 2가 줄어든다는 뜻입니다. 기존의 반도체 업체도, PC 조립업체도, 디스플레이 업체도 모두 3분의 2가량의 시장을 잃게 된다는 거예요. 지금까지 자본주의 경제는 거품과 과잉 공급, 과잉 소비를 통해 경제성장을 반복해왔지만 IT

의 발전은 앞으로 하드웨어 업체의 설 자리를 점점 사라지게 할 겁니다."

애널리스트가 보고 있는 미래는 지속될 수 없는 과잉공급과 과잉소비의 종말이었다. 컴퓨터의 예를 들긴 했지만 이는 대부분의 산업에 해당되는 얘기였다.

책의 운명도 비슷했다. 정해진 성장의 공식은 국민 1인당 서점 숫자가 계속 증가하고, 출판사가 찍어내는 책의 양은 계속 늘어나야 했으며, 책의 수요도 따라서 증가해야 했다. 실제는 그럴 리가 없었다. 인구가 늘어나지 않는 한 수요는 어느 순간 정체 또는 완만한 상승 곡선을 그릴 수밖에 없었고, 심지어 인터넷의 보급과 다양한 미디어와 책 사이의 경쟁은 수요를 감소시키기까지 했다. 이 과정에서 꼭 필요한 수요가 무시당하기 시작했다. 베스트셀러가 되지 못한 책은 정체된 시장 환경 때문에 예전보다 훨씬 빠른 속도로 절판되기 시작했다. 말 그대로 1등 아니면 꼴등인 상황이 계속됐다. 하지만 이건 책의 문제였다. 지식은 1등 아니면 꼴등으로 기억돼서는 안 될 독특한 가치였다.

국민도서관은 이런 불균형을 해소하는 방법을 찾아내는 중이다. 지금까지 발견한 해답은 공유였다. 예전에는 공유될 가능성이 없었던 개인의 책꽂이를 물리적으로 한데 모아놓는다는 발상은 새로운 일을 가능하게 했다. 단순히 공간을 마련해 책을 쌓아놓는 일이라면 기존의 도서관이 그 역할을 더 잘 해왔다. 하지만 도서관은 너무 먼 곳에 있었고 접근하기 힘들었다. 게다가 밤이면 문을 닫았다. 국민도서관은 이 공간의 거리를 택배 시스템으로 해결했다. 그리고 도서를 검색하고 택배 주문을 넣는 과정을 인터넷을 이용해 아주 쉬운 과정으로 혁신했다.

　이 과정에는 웅이 페이스북과 트위터를 통해 자신의 생각에 동의하는 사람들을 쉽게 모을 수 있었던 점도 도움이 됐지만, 인터넷을 통해 ISBN[10] 데이터베이스에 접근할 수 있는 과정이 간결해졌다거나 직접 개발하지 않고도 이미 개발된 결제 시스템을 사용할 수 있는 등 기술적인 접근이 쉬워진 게 큰 힘이 됐다.

　웅 또한 거인의 어깨에 서 있는 난쟁이였던 셈이다.

　인터넷과 관련된 기술 혁신을 주도해온 곳은 미국의 실리콘밸리였다. 이곳에는 지금 이 순간에도 돈이 몰리고, 사무실 임대료가 오르며, 직원을 구하지 못한 기업이 인력난을 겪는다. 그런데 같은 순간 미국의 다른 지역에선 조금 다른 일이 벌어진다. 실업률은 반짝 회복되는 듯싶지만 결국 제자리걸음을 하고, 경제성장률을 설명하는 지표는 좋아졌다 나빠졌다를 여전히 반복한다. 이건 뭔가 불공평해 보였다. 하지만 기술 발전은 늘 이런 식으로 이뤄졌다. 비디오가게에 가지 않고도 집에서 인터넷으로 영화를 보여주겠다는 넷플릭스라는 회사가 성공하자 미국의 DVD업체들은 파산 신청을 내고 문을 닫았다. 한국도 다르지 않았다. 소리바다에 이어 '멜론' 같은 인터넷 음악 서비스들이 성장하자 음반사들이 문을 닫았다. 동네 비디오 가게는 사라진 지 오래다. 만화 대여점도 함께 자취를 감춰간다. 사람들은 인터넷으로 영화를 다운로드 받고 웹툰을 즐긴다.

　물론 이 새로운 환경에 적응하기 위해 현명한 수익 배분 시스템이 개발되고 있다. 하지만 이런 새로운 방식은 아직 예전 산업만큼의 돈을 벌어주진 못한다. 기본적으로 인터넷은 소수의 손에 부를 집중시키는 경향이 있다.

이는 산업화 시절에도 마찬가지였다. 새로운 기술이 개발됐을 때 돈을 번 것은 공장을 운영하던 자본가들뿐이었다. 기계를 다룰 사람이 필요하고, 기업을 성장시킬 관리자가 필요해지면서 기술의 충격이 극복될 때까지는 수십 년이라는 세월이 필요했다. 인터넷과 디지털 혁명이 만들어낸 효율화 덕분에 생겨난 비용 절감의 혜택은 만인에게 조금씩 돌아간다. 예를 들어 영화를 한 번 보는 비용이 줄어든다거나, 만화를 빌려 보는 가격이 줄어드는 식이다. 그리고 이런 비용 절감의 충격은 특정 업종의 기업에게는 폭탄처럼 쏟아졌다.

지금까지 인터넷이 가져온 위협은 대부분 디지털 콘텐츠 산업에 한정됐다. 영화, 신문, 책, 음악 등이었다. 하지만 이젠 달라졌다. 미국의 집카Zipcar와 릴레이라이즈RelayRides는 자동차를 빌려주는 회사다. 차를 많이 만들어내는 대신 이미 갖고 있는 차를 나눠 쓰게 만든다. GM이나 포드, 현대차나 도요타 같은 대형 자동차 제조업체에게 이런 서비스가 성공한다는 소식은 신규 자동차 판매 수요가 줄어든다는 청천벽력 같은 얘기가될 수 있다. 에어비앤비는 호텔 산업을 혁신하고 있다. 사람들은 이제 호텔에 묵지 않고도 쉽게 여행을 다닌다. 에어비앤비의 직원은 약 200명. 이런 회사가 수만 명의 종업원을 고용한 힐튼이나 하얏트 같은 회사들과 경쟁하며 그들을 능가하기 시작했다.

공유는 산업을 뒤흔들고, 일자리를 줄이며, 거대 기업을 위협하는

새로운 현상인 걸까?

『롱테일 경제학』의 저자이자 미국의 IT 전문지 『와이어드』의 편집장인 크리스 앤더슨은 세계 경제가 변화하면서 앞으로 '제3의 산업혁명'이 올 거라고 전망했다. 그의 생각에는 제1의 산업혁명은 증기기관의 발명이었다. 생산력이 높아지는 기계 혁명인 셈이다. 제2의 산업혁명은 정보화 혁명이었다. 디지털 정보가 급속도로 유통되면서 금융과 콘텐츠, 통신산업이 눈부시게 발전했다. 제3의 산업혁명은 물리적인 디지털 혁명이다. 손으로 만질 수 있는 형태를 갖춘 물질이 마치 웹2.0의 시대에 생겨난 유튜브 동영상과 블로그의 글처럼 쉽게 만들어져 대중 사이에서 분배되리라는 것이었다. 이런 시기에는 모든 사람이 기업가가 될 것이고, 기업가의, 기업가에 의한, 기업가를 위한 세상이 도래하리라는 게 그가 주장하는 제3의 산업혁명이다. 디트로이트의 자동차 회사에서 평생 나사만 조이며 살았던 노동자에게는 이런 미래가 과연 어떤 빛깔로 느껴질까? 한국에서 벼농사를 짓는 농부라거나, 중국에서 높은 빌딩을 올리고 있는 건설 노동자에게 "당신은 기업가가 돼야 한다"고 말하는 경제는 사뭇 폭력적이기까지 하다.

이런 경제가 과연 이런 수많은 보통 사람에게도 고용과 장밋빛 미래를 보장해줄 수 있는지를 생각해볼 때다. 나는 한국에서 열린 포럼에 참석하기 위해 방한했던 크리스에게 이런 문제에 대해 질문했다. "당신 얘기는 참 옳은 얘기지만, 그런 식의 급격한 변화에 적응하지 못한 사람들의 고용은 어떻게 해결될 수 있는가?"라는 질문이었다.

크리스는 "그런 문제에 대해서는 솔직히 생각해본 적이 없다"고 말했다. 그는 이어서 "아마도 그들을 위한 재교육이 필요할 것"이란 얘기를 덧붙였다. 하지만 우리 모두가 알고 있다. 크리스도 알고 있다. 세상 사람 모두가 급격하게 변화하는 세상에서 요구되는 새로운 기술을 동시에 배우지는 못한다. 심지어 이런 사람들은 자신이 해고되는 그 순간까지는 그렇게 변화해야 할 필요조차 쉽게 느끼지 못한다. 그렇다면 변화하는 세상에서 이들은 어떻게 버텨야 하나.

경제를 승자만이 모든 걸 독식하는 '1%의 경제'로 해석할 경우 지금의 시장을 바라보면 우리가 취할 수 있는 선택지는 정치 운동뿐이었다. 하지만 정치 운동은 역사적으로 한 번도 기술 발전을 멈춘 적이 없었다. 규제와 금지 조치로 기술 발전을 멈추거나 되돌리려던 시도는 모두 실패했다. 소비자들은 늘 편리함을 원했기 때문이다. 산업혁명에 저항했던 일부 영국인들은 기계를 부숴가면서 러다이트 운동을 벌이기도 했지만 결국 영국은 세계에서 가장 먼저 산업화된 나라가 됐다. 그리고 러다이트 운동은 실패하고 말았다.

다행히도 최근 등장하고 있는 세대에게 인터넷이란 문자와 비슷한 문명이 됐다. 이들은 글을 배우듯 인터넷을 자연스럽게 접하고 익힌다. 돈 탭스콧 같은 사람들은 이 세대를 '디지털 네이티브' 혹은 '넷Net세대'라고 부른다. 시기적으로 1977년 이후에 출생한 세대[11]를 뜻하는 표현이다.

이 세대는 교육 과정을 컴퓨터와 함께했다. 특히 한국에서 1997년 이후에 태어난 세대는 종신 고용을 대가로 수직적이고 권위적인 규율에 적응해야 했던 이전 세대와는 완전히 다른 가치관을 가진 사회 속에서 성장했다. 그리고 아이러니하게도 이들은 스마트폰이 한국 사회에 급격히 퍼지기 시작하던 시기에 중학교(대부분의 또래가 휴대전화를 갖게 되는 시기)에 입학하는 첫 세대가 됐다. 이들은 하이퍼링크(이 말이 무엇인지 모르는 사람조차도)를 클릭하고, 원하는 정보를 찾으며, 인터넷으로 물건을 사고팔기 위해 신용카드 정보를 입력하는 일을 현대사회의 새로운 교양처럼 여긴다. 나아가 페이스북을 쓸 수 있고 스마트폰을 다룰 수 있는 기술은 이 세대의 거의 모두가 갖고 있다.

이런 세상에서는 크리스 앤더슨조차 예상하지 못했던 교육이 이미 이뤄져 있는지도 모른다. 옆집 아줌마가 기업가가 되고, 앞집 아저씨가 벤처기업을 성공적으로 매각해 큰 집으로 이사 가는 그런 사회 말이다. 민성과 웅은 그런 모습을 보여줬다. 심지어 그들은 1977년 이후에 태어난 디지털 네이티브보다 나이가 훨씬 많은데도 말이다.

디지털 네이티브로 불리는 세대에게는 더 이상 소유란 과거와 같은 절대적인 의미를 담고 있는 말이 아니다. 무엇을 갖고 있느냐는 건 이제 옛날만큼 중요하지 않다. 오늘날 중요한 건 누가, 언제, 얼마나 쉬운 방식으로 자신에게 필요한 물건이나 서비스에 접근해서 이를 쓸 수 있느냐는 사실뿐이다.

2장

티끌만 한
다국적기업

한 나라에서
일할 필요는 없다

그날도 눈이 왔다. 지겹게 눈이 왔다. 10월 말, 첫눈이
내린 뒤로는 봄이 올 때까지 늘 하늘을 보며 눈 걱정을 해야 했다. 이 동네
에서는 눈을 쓸어내리려면 빗자루가 아니라 온갖 대형 제설 도구가 필요했
다. 도로에 차가 끊기는 건 말할 것도 없고, 아예 밖에 나가지 않으려고 잔
뜩 장을 봐놓는 집도 급하게 늘어났다.

2006년 겨울. 지원도 이제는 눈과 싸우기를 포기했다. 미국 보스턴
의 겨울은 쏟아지는 눈 덕분에 아름답기는 했지만 답답하기가 이루 말할
데 없었다.

'밖에 나가 친구들과 수다라도 떨어야 영어 실력이 좀 늘 텐데…….'
창밖을 내다봤지만 도무지 방법이 없었다. 눈은 허리 높이까지 쌓인 듯싶
었다. 지원은 그냥 컴퓨터 앞에 앉았다. 하버드까지 유학 왔는데도 여전히
영어 걱정을 해야 했다. 강의야 어찌어찌 알아듣겠지만 학과의 미국 학생
들이 쓰는 이상한 속어는 도무지 쉽게 귀에 들어오질 않았다.

지원은 스페이스바를 가볍게 내리쳤다. 컴퓨터 화면 속 '앨리맥빌'
이 다시 이어서 재생되기 시작했다. 영어 공부 하는 셈 치고, 하나하나 꼼

꼼히. 지원은 문장마다 스페이스바를 두드려 재생과 일시정지를 반복했다. 그러고는 문장마다 한글로 번역해 워드프로세서에 적어나갔다. 자막을 다는 일이었다. 영어 공부 삼아, 그리고 자신이 지금 하고 있는 것처럼 자막을 만들어 인터넷으로 공유해준 익명의 친구들에게 그 자신도 조금이나마 도움이 되고자.

반복해서 대사는 문장이 됐고, 문장은 자막 파일로 변해갔다. 눈은 계속 내렸고, 눈에 파묻힌 기숙사는 고요했다. 대사와 스페이스바 두드리는 소리, 그리고 짧은 타자 소리. 음악처럼 소리와 소리가 반복됐다. 슬슬 지겨워졌다. 뭔가 다른 방법이 없을까. 지원은 구글 검색창을 열었다. 'subtitle editor(자막 편집기)'라는 단어를 입력하자 여러 소프트웨어가 나타났다. 'best'라는 단어를 덧붙여봤다. 몇 가지 추천이 떠올랐다. 다 거기서 거기 같았다.

아! 갑자기 지원의 머리에 생각이 떠올랐다. 전화를 걸었다. 보스턴은 아침이었지만, 캘리포니아는 이른 새벽이었다. 수화기 너머로 남편 창성의 잠이 덜 깬 목소리가 들려왔다. 그들은 미국 유학생 부부였다. 둘 사이의 거리가 비행기로 다섯 시간 반일 뿐.

"좋은 생각이 났어. 자막 편집기를 만들어보면 어떨까?"

그게 시작이었다. 나중에 아내 문지원과 함께 비키를 창업한 남편 호창성은 "우리 둘 다 영어 공부에 별 방법을 다 써본 터였는데 지원의 아이디어를 듣자마자 바로 사업이 되겠구나 싶었다"고 했다.

지원의 아이디어는 간단했다. '미드(미국 드라마)'에 자막을 달고 있다 보니 단순 반복 작업이 지나치게 많아 불편하고, 이렇게 자막을 달아봐야 다른 곳에서 누군가가 자신과 같은 드라마를 보면서 똑같이 한국어 자막을 달고 있다면 자신은 헛수고를 하는 셈이라 바보같았다는 얘기였다. 그래서 지금 현재 누가 어떤 드라마의 어떤 부분에 자막 작업을 하고 있는지 인터넷을 통해 실시간으로 찾아보게 해주고, 자막을 다는 반복 작업도 단순화해 쉽게 자막을 다는 온라인 편집기를 만들자는 얘기였다.

"아마 그러면 미국에서 새 드라마가 나온 지 일주일이면 한글 자막이 달릴 수 있을 거야."

지원은 이 서비스의 수요가 충분할 거라고 확신했다. 창성도 찬성이었다. 드라마로 영어를 공부하겠다는 생각은 누구나 하는 것이었지만, 그 과정이 쉬운 일은 아니었다. 자막을 달아보는 건 그런 점에서 특별히 도움이 되긴 했다. 하지만 너무 쓸데없는 일에 시간을 쓰는 일이 잦았다.

"그래, 해보자. 내가 사람들 좀 찾아볼 테니까 한번 프로토타입(시제품)을 만들어봐."

둘은 대학 때부터 캠퍼스 커플이었다. 하지만 다른 커플과는 조금 달랐다. 둘은 일찍 성공하고 싶었다. 창성이 졸업을 앞두고 있던 때, 둘은 양가 부모에게 결혼 자금을 미리 달라며 돈을 빌렸다. 그게 창업 자금이었다. 2000년, 한국에서도 인터넷으로 한몫 벌겠다는 벤처기업들이 비 온 뒤 대나무 싹이 돋아나듯 늘어나던 때였다.

둘은 3차원 입체영상을 이용한 메신저 서비스를 만들어보겠다고 했다. 하지만 사업 아이디어가 구체화되고 기업이 만들어지자 실수가 이곳저곳에서 드러났다. 매출 예상은 턱없이 낙관적이었는데, 제품을 사주겠다는 기업은 없었다. 엎친 데 덮친 격으로 '닷컴 버블'이라 불렸던 거품이 꺼지기 시작했다. 결혼자금을 날린 것 정도가 문제가 아니었다. 자신들을 믿고 따랐던 직원과 투자자들에게 월급을 못 주고 투자금을 날려버릴 상황이었다.

간신히 정리했다. 두 사람은 그 뒤 3년 동안 사업을 정리하기 위해 일을 했다. 성공을 꿈꿀 여유가 없었다. 노력해서 실패를 최소로 줄이며 사업을 연착륙시키는 게 목표였다. 쉽지 않았다. 때로는 갈등도 있었지만 둘 사이에는 동지애 같은 감정도 생겨났다. 그들은 농담처럼 "도저히 다른 사람을 새로 만날 형편이 아니어서" 이 시기에 식을 올리고 정식으로 부부가 됐다. 그리고 늦었지만 공부를 좀 더 해보기로 결심했다.

지원은 하버드대 교육공학 석사 과정, 창성은 스탠퍼드대 경영학 석사MBA 과정에 입학했다. 각각 미국 동부와 서부의 명문대였다. 그대로 졸업했으면 안정적인 미래가 있었을지도 모르겠다. 하지만 지원은 "나는 기업가"라고 했다. 창성은 "본능처럼 내 일을 하고 싶었다"고 말했다. 둘은 멈출 생각이 없었다.

눈이 많았던 그해 겨울이 지나고 지원이 석사 과정을 마치자 아이디어는 순식간에 사업으로 변해갔다. 지원은 캘리포니아로 이사했다. 그리고 방에 틀어박혀 7개월 동안 비키의 초기 모델을 완성시켰다. 창성은 수업을 듣는 중에 이 초기 모델을 스탠퍼드대의 창업 수업 과제로 써보기로 했다. 스탠포드 MBA 과정은 창업 수업 과정에서 실리콘밸리에서 활동하는 현역 벤처캐피털리스트를 패널 토론자로 초청하곤 했다. 이 가운데 한 명이 창성이 보여준 아이디어를 보고 이례적인 관심을 보였다. 대부분의 학생이 종이에 아이디어의 개념만 그려와서 발표를 하는 반면, 창성은 지원이 7개월 동안 개발한 어느 정도 동작하는 실제 서비스를 들고 나타났기 때문이었다. 창성의 발표가 끝나자 투자자가 창성을 찾아왔다.

"25만 달러를 투자해보겠습니다. 사업을 계속 진행해보시죠."

'비키Viki'의 시작이었다.

비디오Video와 위키Wiki를 합성한 비키라는 이름은 사실 비디오를 위키피디아처럼 만든다기보다는 자막을 위키피디아 방식으로 만드는 서비스였다. 어쨌든 이 서비스는 25만 달러의 투자 덕분에 실제 서비스로 완성됐다.

2008년 9월, 드디어 비키가 일반인에게 공개되는 날이 찾아왔다. 그리고 이 시점에 또 한 번 모든 게 헝클어졌다. 비슷한 시기, 미국의 투자은행 리먼브러더스가 파산했다. 글로벌 금융 위기의 시작이었다. 8년 전 한국에서 지원과 창성이 창업했던 첫 회사는 '닷컴 버블'의 붕괴와 함께 무너지기 시작했다. 그때의 악몽이 부부에게 다시 다가왔다. 창성은 2008년까지 예비 투자자를 찾아다니면서 투자를 요청했다. 투자자들은 "사용자가 100만 명만 넘으면 투자하겠다"고 말했다. 비키는 순식간에 150만 명, 200만 명의 사용자를 돌파했다. 하지만 금융 위기와 함께 투자자의 사무실 문턱도 높아졌다. 결국 25만 달러의 초기 투자금은 금세 바닥을 드러냈다. 부모님 돈을 거덜내던 옛 시절과 다를 바 없었다. 부부는 결국 얼마 모으지 못한 개인 재산을 다시 사업에 쏟아붓기 시작했다.

2009년 말, 사용자는 200만 명을 넘어섰고 매주 새 서버를 들여놓으면서 비용은 기하급수적으로 늘어났다. 마침 그때 한국에서 '꽃남 신드롬'을 일으켰던 〈꽃보다 남자〉의 제작사 그룹에이트가 비키에 관심을 보이지 않았다면 이 서비스도 사라져야 할 위기 상황이었다. 부부는 수익을 나누기로 하고 2009년 그룹에이트와 정식 계약을 이뤘다. 기적 같은 일이었다. 2010년에는 미국 경기도 바닥을 찍고 회복세를 탔다. 사라졌던 실리콘밸리의 투자자들이 돌아왔다. 이들은 430만 달러의 투자를 추가로 하겠다고 나섰다. 마침 한류가 아시아를 넘어 세계로 퍼져 나가던 시기였다. 새로 계약한 드라마 〈꽃보다 남자〉와 〈장난스런 키스〉는 비키에서 큰 인기를 모았다. 첫 상영이 시작된 뒤 해당 드라마의 월 광고 매출이 각각 3만 달러에 이르렀다. 비키는 자막을 붙인 드라마에 10분당 한 편 꼴로 광고를 삽입해 수입을 올렸다.

비키에서 주로 상영되는 동영상은 미국이나 유럽의 영화나 드라마가 아니었다. 그동안 세계시장에 진출하고 싶어도 방법이 없던 한국이나 인도, 중남미 지역의 '비주류' 영상물이 메인 콘텐츠다. 누가 보겠느냐 싶지만 2010년에는 매월 400만 명 이상이 이런 콘텐츠를 보려고 비키를 찾았다. 창성은 "세계는 우리 생각보다 훨씬 넓다"고 말했다.

한국에선 이런 시장은 아주 작은 틈새시장에 불과하다. 그래서 그 시장을 노리는 것 자체가 상업성이 전혀 없는 일이다. 하지만 이런 작은 시장도 무대가 세계라면 거대 시장으로 변한다. 비키는 그런 시장을 노렸다.

틈새시장을 노리는 사업의 핵심은 비용은 적게 들이고 이익은 최대한 만들어내는 것이다. 그래서 비키는 모든 걸 외부에서 사왔다. 서비스를 만드는 데 필요한 여러 기술은 무료 또는 값싸게 공개돼 있는 기술을 이용했다. 비키 서비스를 위해 사용되는 기술은 업계 표준 기술만을 사용했다. 표준 기술을 써야 이 기술이 발전할 때 비키의 전체 시스템도 함께 개선하는 게 쉬워졌고, 무엇보다 이런 기술을 다룰 줄 아는 기술자를 쉽게 구할 수 있기 때문이었다.

직원도 외부에서 구했다. 이 회사의 CEO 라즈믹 호바히미언은 아르메니아계 미국인으로 이집트에서 자랐다. 그는 미국 방송국 NBC유니버설의 콘텐츠 제휴 담당 수석 부사장이라 비키의 콘텐츠 제휴 업무를 이끌어가는 데 제격이었다. 비키의 개발팀장은 헝가리 출신 프로그래머였다. 이 회사 모든 직원의 출신 국가는 10개국이 넘었다. 기업은 늘 뽑을 사람이 없어 고민이라고 엄살을 부린다. 하지만 그건 한국, 서울, 강남 식으로 지역에 제한을 둘 때의 얘기다. 눈을 세계로 돌리면 인재는 많다.

회사의 위치를 정할 때에도 국가는 고려 대상이 아니었다. 비키는 미국 교육을 받은 한국인 부부가 미국 자본으로 창업한 회사다. 그런데 본사는 싱가포르에 있다. 미국 실리콘밸리보다 땅값이 싸고, 정부의 세제 지원 등 작은 기업에 대한 혜택이 높은 데다 기후가 좋고 영어 사용에 문제가 없어 외국인 인력들이 거주하고 싶어 하는 지역이어서다.

비키가 성공할 수 있었던 특징도 공유였다. 공유를 목적으로 개발된 오픈소스 프로그램을 최대한 적극적으로 사용해 시스템을 만들었고, 자신의 노력을 다른 사람들과 무료로 공유하고 싶어 하는 전 세계의 자막 작업자들에게 그들의 노력을 쉽게 나눌 수 있는 수단을 만들어 제공했다.

지금까지 글로벌 비즈니스란 대기업의 몫이었다. 세계 100여 개국에 사무실을 내고 각국 직원을 채용하는 이런 종류의 기업은 일반적으로 직원 수가 수천 명에서 수만 명에 이르렀다. 그 정도 규모 없이 다국적기업이 된다는 건 불가능한 일처럼 보였다. 하지만 이젠 아니다. 대기업이 아니어도 글로벌 기업이 될 수 있다. 이런 기업들은 '마이크로 다국적기업Micro Multinationals'이라고 불린다. 권위 있는 경제학자이자 구글의 수석 경제학자인 버클리 캘리포니아대의 할 바리언 교수가 2005년 처음 사용했던 표현이다.[12] 티끌 크기만 한 다국적기업이 나타난 셈이다.

이런 기업들은 다양한 방식으로 등장하고 있다. 협업이 그 어느 때보다 쉬워진 덕분이다. 조산구는 코자자라는 회사를 세웠다. 조민성의 비앤비히어로처럼 한국의 에어비앤비를 목표로 세운 회사다. 한국의 수많은 빈 방을 찾아내 국내외의 여행객에게 빌려주는 걸 목표로 한다.

민성이 비앤비히어로로 서비스를 시작하기 위해 고생을 하고 있을 때 코자자는 이미 웹사이트를 만들고 예비 집주인들에게 서비스가 구현되는 모습을 보여주면서 사업을 설명하고 있었다. 예약시스템과 일정 관리, 한국어와 영어, 일본어, 중국어 등 각종 언어 서비스까지 제공됐다. 페이스북과 트위터는 물론 중국의 소셜 네트워크 서비스를 이용해 서비스를 사용하는 게 특징이었다.

민성의 회사는 이미 사무실을 얻은 뒤 직원까지 채용한 상태였다. 산구는 민성보다 늦게 사업을 시작했지만 서비스 개발 속도는 훨씬 빨랐다. 심지어 창업 멤버를 모으고 사업을 시작한 민성과 달리 코자자 사업을 시작할 당시 코자자의 직원은 그 혼자였다. 대신 공동 창업자가 있었다. 한국이 아니라 미국 실리콘밸리에.

서비스 개발은 인도의 프로그래머들이 맡았다. 산구는 한국에서 집주인을 상대로 영업과 서비스 소개를 담당하고, 서비스 점검은 밤 시간에 진행했다. 자는 시간에 인도에서 개발이 이뤄지면 산구는 눈을 뜬 이른 아침과 늦은 저녁에 개발팀에게 피드백을 줬다. 그러면 이를 받아본 인도의 개발팀은 바로 피드백을 반영해 작업을 진행했다. 시차가 오히려 효율을 더 높였던 방식이었다. 물론 몸은 같은 시간대의 같은 사무실에서 얼굴을 보고 함께 일하는 것보다 힘들었지만, 스피드를 올리기엔 이것이 더없이 좋은 방법이었다.

"개발 비용이 적게 들고, 기간이 단축되는 것만 장점이 아니에요. 무엇보다 중요한 건 전문가에게 일을 맡기기 때문에 품질이 높아진다는 것이죠." 그는 자신의 시스템이 가진 장점을 이렇게 설명했다.

작은 회사는 좋은 인재를 구하기 힘들다는 편견이 있었다. 누구도 작은 회사에 취직하려 들지 않기 때문이라는 것이었다. 오늘날 이는 말 그대로 편견에 불과한 얘기가 됐다. 이제 작은 회사들은 비대한 덩치 때문에 효율이 떨어지는 내부 직원으로 골치를 썩고 있는 대기업보다 훨씬 민첩하게 뛰어난 재능을 활용할 수 있게 됐다. 조슈아 워렌의 이야기는 우리의 세계가 어떻게 작은 기업들의 성공을 돕는 방향으로 진화하고 있는지 보여준다.

다윗은
골리앗을 이긴다

조슈아 워렌은 전자상거래 웹사이트를 만드는 프로그래머였다. 스스로 능력이 있다고 생각했지만 일감은 늘 부족했다. 무엇보다 조슈아가 하는 일을 하는 프로그래머는 세상에 많았다. 그는 자신이 다른 사람들보다 더 뛰어난 프로그래밍 능력을 갖고 있다고 생각했다. 하지만 이런 점을 아무리 설명해봐야 대부분의 회사에서는 똑같이 답했다. "그래 봤자 거기서 거기겠지."

조슈아에게 선택은 둘 중 하나였다. 남의 회사에 들어가서 평범한 월급을 받는 그냥 보통 프로그래머가 되는 방법이 있었다. 다른 선택은 미국의 수많은 위대한 창업가들처럼 어린 나이부터 자기 스스로 회사를 차리는 것이었다. 2009년, 28세의 조슈아는 두 가지 모두 하고 싶지 않았다. 샐러리맨이 되고 싶은 생각은 없었지만, 창업을 하자니 위험 부담이 너무 컸다. 차라리 아르바이트를 해보자는 생각이 들었다. 오데스크를 알게 된 것도 그때였다.

오데스크는 '온라인 인력 중개업체'로 유명하다. 인터넷을 통해 근로자를 찾는 걸 도와주기 때문이다. 하지만 잡코리아나 인크루트, 알바몬 같은 서비스와는 다르다. 흔히 알려진 취업 포털은 실제로 오프라인으로 만나 일할 사람을 연결해준다. 말 그대로 구직 소개 사이트다. 이런 방식은 구식이다. 오데스크는 스스로를 'Work 3.0' 기업이라고 표현한다. 이 회사는 온라인으로 사람을 소개하고, 이들이 온라인에서 일하게 만들며, 결과도 온라인으로 만들어내고, 임금도 온라인으로 지급한다. 미국 기업이 오데스크로 직원을 구하면 그 직원은 미국에 있을 수도 있지만, 방글라데시에 있을 수도 있고 한국에 있을 수도 있다. 중요한 건 일이지 그 사람이 자리 잡고 앉아 있는 곳이 아니라는 생각에서 만들어진 회사다.

기업은 늘 직원을 구하고, 사람들은 늘 일자리를 구한다. 여기서 정보의 비대칭성이 생겨난다. 대개의 경우 좋은 일자리는 좋은 구직자보다 부족하게 마련이다. 그래서 한 번 업계에서 좋은 사람으로 소문이 나면 실제 능력보다 더 좋은 대접을 받는다. '훌륭한 인재'라는 소문은 '못나지는 않은 사람'이라는 보증이기 때문이다. 한 번 취직이 잘된 사람은 계속해서 좋은 직장을 다니는 경우를 쉽게 보게 되는 것도 이런 까닭이고, 대졸자들이 기를 쓰고 첫 직장만큼은 대기업에서 시작하려는 이유도 이런 까닭에서다.

오데스크의 또 다른 역할은 이런 비대칭성을 줄이는 것이다. 기업은 (아주 적은 비용으로) 프리랜서를 찾아서 정규직 채용 부담을 줄이고, 프리랜서는 (아주 적은 비용으로) 기업을 찾아서 일할 수 있는 시간에만 일한다. 이건 이베이eBay와 같은 원리다. 내게 남는 중고품은 내 손에서는 쓸데없는 물건이지만, 누군가에게는 기꺼이 돈을 주고 살 만한 가치를 가진 상품이 된다. 이베이 덕분에 전자상거래라는 새로운 개념이 생겼고 유통이 효율화됐다. 그렇다면 일자리라고 그렇게 거래되지 말란 법이 없다. 그게 오데스크의 생각이었다.

이베이가 한국의 영세 상인에게 세계로 물건을 팔 기회를 줬던 것과 마찬가지로 오데스크는 한국 프리랜서들에게도 세계로 노동력을 팔 기회를 줬다. 이미 2012년 4월 기준으로 20만 명 이상의 한국인이 오데스크를 통해 외국 기업의 일을 하고 있다. 한국은 경제 규모에 비해 오데스크 이용 기업이나 계약된 프리랜서의 수가 아주 적은 편인데도 이 정도다. 오데스크에서 근로자를 구하는 기업과 그 기업에 고용된 프리랜서가 같은 나라에 위치하고 있는 경우는 전체 거래 근로계약의 20%에 불과하다. 나머지 80%의 근로계약은 국경을 넘어서 일어난다.

이 회사의 CEO인 게리 스와트는 나와 인터뷰를 진행하면서 오데스크의 시작은 원래 멀리 떨어져 근무하는 근로자를 위한 업무 관리시스템을 만들어 판매하는 것이었다고 말했다. 그러니까 원격으로 재택근무자의 업무를 제대로 관리하고 평가하고 보수를 지급하는 소프트웨어를 만든 것이다. 이 회사가 창업한 건 2003년. 당시만 해도 재택근무나 인터넷을 활용한 원격근무가 미국에서 막 보편화되던 시기였다. 그땐 기업들이 모두 이런 소프트웨어 시스템을 필요로 했다. 오데스크가 처음 이 시스템을 만들었을 때 반응도 좋았다고 했다.

그런데 결정적인 문제가 있었다. 기업들이 오데스크의 소프트웨어를 산 뒤 이렇게 원격으로 근무하는 사람들을 관리하기 시작했는데, 갑자기 이들 가운데서 멀리 떨어진 근로자를 고용한 뒤 이 인력을 다른 기업에게 되파는 회사가 나오기 시작한 것이다. 오데스크는 충격을 받았다. 그래서 사업 방향을 바꿔버렸다. 핵심 역량이었던 원격근로에 대한 근태관리 소프트웨어는 웹으로 무료 이용하게 해주고, 오데스크가 직접 인력을 소개해주는 사업을 하기로 바꿔버린 것이다. 게리는 "오늘 우리 회사가 있게 만든 가장 중요했던 결정"이었다고 말했다.

지금 오데스크에서 거래되는 노동력은 숫자뿐만 아니라 그 종류도 엄청나다. 초기에는 실리콘밸리 IT 기업의 단순 프로그래밍 외주가 오데스크로 거래되는 업무의 대부분을 차지했다. 프로그래밍이란 게 인터넷만 연결되면 완성된 코드를 주고받으면 되는 일이었기 때문이다. 하지만 게리는 이렇게 말했다.

"전자상거래가 처음 등장했을 때 이베이는 중고품만 사고 팔았고, 아마존은 종이책만 사고 팔았지만 시간이 지나면서 이제는 이베이로 자동차나 비행기도 사고 팔고, 아마존에서는 음악과 영화도 사고 판다. 오데스크에서도 처음엔 프로그래머만 고용됐지만 이젠 전체의 50%가 기술과 상관없는 일자리들이다. 신규 프로젝트 기획부터 시작해서 연설문과 홍보문 등 기업을 위한 글쓰기 등이 새로 등장한 대표적 영역이다. 특히 최근에는 오데스크를 통해 단기 프로젝트를 관리할 수 있는 관리자까지 고용하는 기업들도 나오고 있다."

얘기를 들으면서 조만간 CEO도 오데스크로 고용하는 날이 올지 모르겠다고 생각했다. 이미 오데스크를 통해 직원을 찾는 기업의 수는 30만

개를 넘어섰고, 오데스크에서 채용되기 위해 자신의 정보를 등록해두는 프리랜서(오데스크는 '계약자contractor'라고 부른다)의 수는 160만 명을 넘어섰다.

심지어 오데스크를 통한 국가 간 근로인력의 이동이 늘어나면서 정부의 정책도 변하고 있다. 방글라데시는 경제 규모를 감안해봤을 때 상대적으로 오데스크를 이용하는 근로자가 유독 많은 나라에 속한다. 이 나라 정부는 최근 인터넷을 통해서 벌어들인 소득에 대해서는 소득세를 부과하지 않는 방침을 세웠다. 크게 보면 인터넷을 통한 IT 인력을 육성하기 위한 산업 진흥 정책이다. 하지만 오데스크를 생각하면 획기적인 조치다.

방글라데시는 외화 획득을 위해 국민들에게 나라 밖에 나가서 돈을 벌어오도록 독려하는 정책을 취해왔다. 한국이 40여 년 전 광부와 간호사를 독일에 보내고 중동 건설 현장에 노동력을 수출한 것과 비슷한 발전 전략이었다. 그러다 오데스크의 경우가 생겨났다. 방글라데시 정부는 여기서 힌트를 얻었다.

오데스크를 통해 자국민이 돈을 버는 경우를 따져보면 이는 해외 여행자를 방글라데시로 불러들이는 것과 다를 바 없다고 판단한 것이다. 이 나라 정부는 외국인이 방글라데시에서 달러를 쓰는 것을 장려해왔는데, 자국민이 인터넷으로 외국 기업 일자리를 얻은 뒤 달러를 '국내에서 벌어서 국내에서 쓰게 하는 것'은 외국인 관광객을 유치하는 것과 똑같다고 봤다.

오히려 더 좋은 점도 있었다. 이런 근로소득에 대해 과세하는 대신 자국의 유능한 인재를 해외로 빼앗기지 않고 국내에서 일하면서 소비하게 하는 정책을 택한 것이다. 사실 오데스크가 없었다면 이런 인재들은 해외에서 국내의 가족에게 송금은 했을지 몰라도 해외에서도 돈을 써야 했다. 게다가 고급 인재일수록 방글라데시로 돌아오는 대신 선진국으로 아예 이민을 떠날 확률도 높았다. 어차피 오늘날의 세상은 정부가 뛰어난 국민을 국가에 남겨두기 위해 국가 매력도를 높여야 하는 세상이 됐다. 그런 점에서 방글라데시 정부의 정책은 획기적이었다.

다시 조슈아의 얘기로 돌아와 보자. 2009년 10월, 조슈아는 자신을 오데스크에 등록했다. 할 줄 아는 일은 전자상거래 웹서비스 개발과 웹서비스 컨설팅이라고 적었다. 조슈아의 고향인 미국 텍사스 주의 댈러스는 상대적으로 작은 도시였다. 로데오와 카우보이로는 유명했지만 웹서비스 수요는 텍사스가 아닌 캘리포니아에 훨씬 많았다. 조슈아가 처음 일을 시작하면서 받겠다고 마음먹은 돈은 1시간당 15달러. 업계 평균으로 보자면 많은 돈이 아니었다. 조슈아는 스스로 실력이 아주 좋다고 생각했지만, 아직 남들보다 돈을 더 받을 만한 평판은 쌓지 못하고 있었다.

하지만 조슈아는 한 가지에만 집중했다. 남들처럼 회사에 들어가 이것저것 닥치는 대로 손에 잡히는 일을 하다 보면 잡다한 기술을 많이 배울 수는 있겠지만, 최고는 될 수 없을 것이라고 생각했다. 오데스크에서는 조슈아의 능력이 남다르게 받아들여졌다. 오데스크에서 인력을 고용하는 기업들은 조슈아에게 일을 시켜보고는 그에 대해 만족스러웠다며 좋은 평가를 올려줬다. 조슈아의 시간당 임금은 계속 상승했다. 15달러를 받던 시간당 임금이 95달러까지 치솟는 데 걸린 시간은 단 10개월뿐이었다. 조슈아는 지금 오데스크에서 가장 높은 시간당 임금을 받는 상위 10%의 기술자다. 그와 일하고 싶어 하는 기업들은 줄을 섰는데, 조슈아에게는 이런 고객들의 일을 모두 맡아서 해줄 시간이 없었다.

그래서 조슈아는 창업을 하기로 마음을 바꿨다. 회사를 차렸다. 회사의 이름은 '직관intuition'과 '창의성creativity'이란 단어를 결합해서 지었다. 크리에이튜이티Creatuity. 댈러스 본사의 직원 수는 조슈아 자신을 포함해 5명에 불과했다. 7명의 직원이 더 있는데 이들은 폴란드의 포츠난이라는 도시에서 근무했다.

폴란드 사무실을 운영하는 건 조슈아와 함께 크리에이튜이티를 창업한 빅토르 자르카였다. 조슈아와 빅토르는 크리에이튜이티 창업 이전까지만 해도 서로 아는 바가 없었다. 두 사람을 이어준 게 바로 오데스크였다. 둘 다 오데스크의 업무 평가에서 좋은 평가를 받는 개발자였다. 그리고 둘 다 쏟아져 들어오는 고객을 감당하지 못해 고민하던 차였다. 어차피 오데스크는 전 세계의 업무를 대행해주는 시스템이었다. 조슈아와 빅토르가 자신들이 따낸 일을 남에게 대행시키지 못하란 법이 없었다. 그래서 둘은 동업하기로 결심했다. 일은 이메일과 메신저로 진행할 수 있었고, 가끔 깊이 있는 대화가 필요하면 스카이프를 통해 서로 얼굴을 마주 보며 대화했다.

두 사람이 한 번도 얼굴을 보지 못한 채 함께 창업해 성공적으로 회사를 꾸려나갈 수 있다면, 먼 곳에 있는 나라고 조슈아와 대화하지 못할 이유가 없었다. 이메일을 보냈다. 조슈아의 답변은 빠르고도 자세했다. 크리에이튜이티의 고객에 대해 우선 물었다. 조슈아는 전 세계 고객을 상대로 비즈니스를 벌이는 걸 자랑하고 싶어 했다. 그는 "남극대륙 빼고는 모든 대륙에 우리 고객이 있다"고 자랑했다.

조슈아는 "내가 하는 일을 나 스스로 통제할 수 있다는 게 프리랜서로 일하는 것의 장점"이라고 말했다. 좀 더 자세히 설명해달라고 부탁하자 그는 이렇게 설명했다.

"내가 내 일을 통제할 수 있다는 게 무슨 뜻이냐면 내가 정말로 잘할 수 있는 일, 내가 최대로 능력을 발휘할 수 있는 일이 무엇인지 스스로 알아보고, 내 능력을 그 방향에 집중해서 개발해 나갈 수 있다는 점이에요. 그리고 내가 정말 못하는 일은 하지 않아도 된다는 거죠. 예를 들어서 나는 전자상거래 관련 지식이 있고 관련 서비스 개발은 잘 해낼 자신이 있지만 다른 분야의 서비스 개발에 대해서도 내가 최고라고 얘기할 수는 없어요. 하지만 만약 내가 큰 회사에 다녔다면 그런 회사에서는 시간이 지나면서 뭔가 직함을 얻게 되겠죠. 그리고 회사는 내게 그 직함에 맞는 역할을 하라고 강요할 거예요. '잘하는 일만 하면 안 된다'고 얘기하겠죠. 그건 제가 보기엔 옳지 않은 일이에요. 왜냐하면 그 직함이 강요하기 때문에 내가 어쩔 수 없이 해야만 하는 일 가운데에는 다른 사람들이 나보다 훨씬 잘하는 일이 수없이 존재할 테니까요. 그래서 지금처럼 일하는 걸 좋아해요. 이 삶은 경제적으로도 괜찮아요. 무엇보다 저는 이제 해고 걱정 같은 건 하지 않아요. 구조조정 걱정도 하지 않고요. 일자리가 필요하다면 오데스크에 널려 있어요. CEO 또는 내 직속 상사가 '회사를 나가줘야겠어'라고 말할까 봐 두려워할 필요도 없죠."

현대사회의 많은 사람이 늘 걱정에 사로잡혀 살아간다. 해고당하지 않을까, 인사 평가가 나쁘게 나왔으면 어쩌지, 선배나 후배들로부터 나쁜 평가를 듣고 있는 건 아닐까. 그리고 늘 강요받는다. 회사에 필요한 인재는 이러이러한 것이니 변화할 것을 강요받는다. 경영진이 바뀔 때면 원하는 인재상도 달라진다. 회사의 방침은 3년마다 바뀌는데, 사람은 그렇게 쉽게 바뀌지 않는다는 사실을 누구도 이해하려 들지 않는다.

그래서 걱정과 강요는 대부분 새빨간 거짓 놀음일 따름이다. 회사는 회사 스스로가 직원을 쓸모 없는 존재로 만들고 있으면서 '너는 쓸모 없는 직원이야'라고 직원을 다그친다. 잘할 수 없는 업무를 억지로 할당하면서 '이 일을 세계 최고로 해내야 너는 회사에 필요한 인재가 되는 거야'라고 강변한다. 하지만 그 사람이 세계 최고로 할 수 있는 일을 시키기 전까지는 세계 최고의 인재는 회사에 주어지지 않게 마련이다.

그럼에도 불구하고 기업은 개인에게 계속해서 같은 일을 맡기는 걸 싫어한다. 유능한 직원이 승진하면 할수록 그 직원에게는 엉뚱한 일이 주어진다.

예를 들어 TV 광고 캠페인을 만드는 데 역량이 뛰어난 직원이 있다면 어떤 모델을 쓸지, 어떤 시간대에 광고를 내보낼지, 어떤 드라마를 골라 광고를 집행할지 등이 이 직원의 역할이 될 것이다. 이 직원이 나이가 먹고 능력을 인정받아 승진하게 되면 이 직원은 이제 신문 광고와 라디오 광고, 인터넷 광고를 함께 담당하게 된다. 서로 다른 매체를 잘 이해하는 건 쉬운 일이 아닌데도 회사는 TV 광고 전문가에게 신문과 라디오, 인터넷 광고 업무를 줄 것이다. 이 직원이 더 승진해 부장이 되면 광고만 담당하는 게 아니라 다른 마케팅 활동까지 담당하게 된다. 임원이 되면 마케팅만 할 게 아니라 기업 운영과 전략 기획 업무까지 주어진다.

전문가라서 승진했더니 전문적인 일에서는 점점 더 멀어지고, 해보지 않은 일을 끊임없이 떠안기는 게 현대 기업의 문화다. 이 과정에서 효율이 떨어지기라도 한다면 기업은 '너는 쓸모없다'며 직원을 내친다. 오데스크는 이런 식의 불합리하게 일하는 방식을 바꿀 수 있는 플랫폼이다.

"오데스크는 우리에게 세계 각국의 사람들과 함께 일할 수 있는 기회를 줬어요. 오데스크가 없었다면 그냥 댈러스에서 이곳에 있는 기업 가운데 하나를 골라 그 안에서 일해야 했겠죠. 우리의 다음 목표는 'Inc 500'에 들어가는 거예요. 『잉크』 잡지는 매년 500대 기업을 선정하는데, 미국에서 최근 1, 2년간 가장 빠르게 성장하는 회사를 꼽죠."

조슈아는 '작은 회사'를 강조했다. 작아야 빠르기 때문이다. 그리고 작은 회사는 당연히 세상의 변화에 촉각을 곤두세우게 마련이다. 작은 동물이 환경 변화에 더 민감한 건 그래야만 살아남을 수 있어서다. 조슈아의 크리에이튜이티도 그랬다. 새로운 생각에 훨씬 더 열려 있었고, 처음부터 오데스크와 같은 외부의 도구를 적극적으로 이용하면서 성장했다. 조슈아에게 왜 오데스크를 쓰고 있느냐고 물었다. 직접 일하던 사람에서 고용자로 역할이 바뀌었음에도 조슈아는 오데스크에 만족하고 있었다. "오데스크에서는 특정 분야에 아주 특화된 최고의 인력을 최고의 가격에 구할 수 있어요. 그들이 세계 어느 곳에 살고 있느냐는 건 전혀 문제가 되지 않지요."

중요한 건 일을 제대로 해낼 수 있는 능력을 갖춘 사람이다. 누구나 똑같은 말을 한다. 하지만 대기업은 최고의 능력을 갖춘 사람을 구하지 않는다. 조직 논리에 적응할 수 있는 사람을 찾을 뿐이다. 따라서 결과적으로 대기업은 최고가 될 수 없다.

조슈아에 따르면 우리의 시대는 "생각하는 방식 자체가 달라진 시대"다. 문제는 대기업의 생각은 아직 이런 방식으로 변하지 않았다는 것이다. 이렇게 다른 방식으로 생각하려면 회사 전체의 문화를 고쳐야만 한다. 그리고 그들이 그렇게 변화할 때까지는 많은 시간이 필요하다. 물리학 법칙에서는 커다란 생물은 민첩하지 못하다. 그들에게 중력과 관성이 훨씬 많이 작용하기 때문이다. 아무리 근력이 두 배로 세다고 해도 덩치가 두 배로 크다면 중력과 관성은 두 배 이상 많이 작용한다. 따라서 덩치가 큰 글로벌 기업이 움직이기 시작했을 때 이 회사의 전략 수정에는 최소 1, 2년의 시간이 걸린다. 이 정도의 시간만으로 기업의 전략이 완전히 바뀌는 것조차 기적에 가깝다. 크리에이튜이티 같은 작은 회사들은 이렇게 큰 기업들이 시간과의 싸움에서 뒤져 있는 동안 충분히 많은 성공을 거두게 될 것이다.

『노동의 미래』의 저자이자 MIT 경영대학원 교수인 토머스 말론은 이를 '초전문화hyper specialization'[13]의 시대라고 얘기했다. 최근 시대에는 사람들이 '매크로 시장의 마이크로 전문가'가 되어간다는 것이다. 이 논문에서 말론 교수는 이렇게 적고 있다.

초전문화로 얼마나 품질이 개선될지 가늠하려면, 지금 자신이 스스로의 전문성과 상관없는, 따라서 잘하지도 못하는 일에 개인적으로 얼마나 많은 시간을 쏟고 있는지 생각해보라. 과거 수공업 노동자처럼 오늘날의 지식 노동자들은 다른 사람(특히 해당 분야의 전문가)에게 맡기면 더 싸게, 더 빨리 해낼 수 있는 잡다한 일에 시간을 뺏기고 있다. 예를 들어 프로젝트 매니저는 파워포인트 슬라이드 제작에 필요한 작업 능력이나 디자인 감각이 별로 없는데도 슬라이드를 만드는 데 무수히 많은 시간을 할애한다. 저렴한 가격에 슬라이드 작업을 위임할 수 있는 이들도 일부 있을 것이다. 하지만 톱코더와 같은 업체를 이용하면 파워포인트 사용에 능숙한 전문가에게 즉각 일을 맡길 수 있다. 지역적 범위를 더 넓혀보면 아주 뛰어난 슬라이드 제작자는 물론 날카로운 매의 눈으로 오타를 찾아내는 사람이 있고 프레젠테이션 유형별로 전문성을 지닌 사람들도 있다(예를 들어 사무용품 영업 프레젠테이션을 전문으로 하는 사람이 있고, 제약업체 내부 프로젝트 평가 회의에 뛰어난 전문가가 있을 수도 있다). 여기에 반짝이는 아이디어를 가진 그래픽 디자이너까지 더하면 프레젠

테이션의 수준은 의심할 여지없이 한 단계 더 높아질 것이다.

초전문화 때문에 근로 조건이 크게 나빠질 거라는 우려도 있다. 일종의 디지털 노동 착취digital sweatshop가 되리라는 얘기다. 하지만 조슈아의 크리에이튜이티 같은 작은 기업은 성공을 위해 미친 듯이 일하지만, 일벌레가 돼 일하지는 않는다. 조슈아 또한 직원들의 근로 시간만큼은 다른 기업처럼 주 40시간 수준에 맞추고 있다. 그게 세계적인 추세이기 때문이지만, 그보다는 직원들이 40시간만 일해도 아무 문제가 없기 때문이다.

오데스크의 세계에선 컴퓨터를 켜고 시스템에 접속하는 순간 노동 시간이 계산된다. 실제로 일하는 시간이 정말로 일하는 시간이다. 당연히 집중도도 높고, 최대한의 생산성을 올리고자 직원들은 자발적으로 노력한다. 이렇게 꼼꼼하게 계산된 노동 시간과 단위 시간당 생산성은 바로 다음 업무의 임금을 결정한다. 어디서든 일할 수 있고, 언제든 일할 수 있는 환경이다. 이런 환경은 근로자에게 자신의 일이 바로 평가된다는 사실을 절감하게 만든다. 그리고 근로자는 이 평가가 모든 고용주 사이에서 공유될 거라는 사실도 안다. 그것도 실시간으로. 따라서 오데스크를 통해 근무하는 사람들은 주어진 시간 동안 가장 열심히 일하게 된다. 집에서 일하면 생산성이 떨어진다고 생각한다거나 바닷가에 놀러 가서 일하는 건 불가능할 거라고 생각한다면 오산이다. 자발적인 경쟁심은 근로자를 효율적으로 변화시킨다. 삶의 질이 높아지면서도 생산성이 함께 증가하는 사회, 꿈만 같지만 이미 세계는 그런 방향으로 변하고 있다.

마이크로 다국적기업은 열 명도 안 되는 작은 사람들이 전 세계의 고객을 대상으로 제품을 팔 수 있게 한 새로운 기술 덕분에 가능해졌다. 에어비앤비는 수백 명의 직원만으로 세계 수십 개국에 힐튼 호텔 체인보다 거대한 숙박 네트워크를 만들어냈다. 또한 이들은 지금까지 우리의 경제가 만들어낸 모든 혜택을 자유롭게 그리고 쉽게 사용한다. 일정 물량을 주문해놓고 거래처를 독점하던 대기업이 위기에 빠지면서 분업화된 전문회사들이 작은 규모의 수요에도 대응할 정도의 기민함을 경쟁력으로 삼아 세상을 바꾸고 있다.

마이크로 다국적기업의 시대에 사람들은 이제 기업가가 되기를 요구받는다. 전문화된 작은 기업에 대한 수요가 높아지고 실제로 이렇게 작아진 기업들이 성공적인 결과물을 내놓고 있기 때문이다. 개인으로서는 골치 아픈 세상이 됐다. 시키는 일만 하면서 쳇바퀴 돌듯 살아가는 삶이 점점 불가능해지고 있고, 스스로의 생각으로 미래를 계획한 뒤 살아가도록 강요받는 시대가 다가오는 중이다. 머리 아픈 일이다. 하지만 이는 분명히 누군가에게 기회가 된다. 그리고 이런 기회는 역사상 한 번도 존재하지 않았던 수준으로 많은 사람의 손 앞에 놓여 있다.

'100만 개의 틈새시장'이 열리고 있기 때문이다.

인터넷이 국경을 허물어버린 시대에서 개별 시장의 숫자에는 상한선이 없어진다. 지금 우리가 살아가는 시대는 수천만 명의 사람들이 수천만 개에 이르는 개별 시장에서 최고의 성과를 거둘 수 있는 독특한 시대다. 크리스 앤더슨은 2004년 이를 '롱테일'이라고 불렀고 롱테일은 100만 개의 틈새시장을 열었다.

그리고 인터넷 덕분에 생겨난 거의 무료에 가까운 글로벌한 실시간 의사소통 수단은 각각의 틈새시장의 규모를 키웠다. 틈새시장을 한데 모으면 종종 작은 국가의 시장 전체보다도 훨씬 크기 때문이다. 세계 각국의 드라마와 영화들을 제휴한 뒤 이 동영상에 네티즌이 자발적으로 자막을 달게 해주는 동영상 서비스 비키는 2010년에만 해도 매월 세계 150개국 400만 명의 사용자에게 세계 각국의 다양한 TV 드라마를 제공했다. 프랑스에서 베트남 드라마를 보고 싶어 하는 사람의 수는 수천 명에 불과했겠지만 이들을 모두 모으면 수만 명에서 수십만 명에 이르게 마련이다. 비키는 이런 식으로 틈새시장을 통합했다. 2012년 5월 기준으로 비키가 통합한 글로벌 틈새시장의 규모는 세 배로 늘어나 200여 개국에서 매월 1200만 명의 사용자가 한국 영화와 아르헨티나 드라마를 할리우드 영화 못잖게 열심히 시청하고 있다.

비키와 같은 아주 작은 회사들은 작은 틈새시장을 다른 눈으로 바라보면서 성공할 수 있었다. 틈새시장이 글로벌 단위가 됐을 때, 단순히 시선을 바꿨던 것만으로 작았던 시장이 거대 시장으로 바뀐 것이다.

당신의 공장,
테크숍

2011년 9월 25일은 실리콘밸리의 산호세에서 세 번째 '테크숍TechShop'이 문을 연 날이었다. 이곳은 일반인을 위해 지어진 작업장이다. 각종 전문적인 도구가 이곳에 마련돼 있다. 용접기는 물론 3D 프린터 같은 최신 시설도 있다. 컴퓨터 설계CAD를 위한 PC실은 실제 공구와 연결되어 있기도 했다. CAD를 이용해 설계가 끝나면 옆방에는 이 설계에 따라 철판이나 목재를 잘라주는 절삭기 등이 설치돼 있었다.

현대사회의 도시인은 대부분 직접 만든 제품을 사용하는 방법을 잊고 있다. 모두 가게에서 팔기 때문이다. 그래서 우리는 발명가로서, 또는 기술자로서의 본능을 점점 잊어가는 중이다. 그것이 인류를 여기까지 발전하게 만들어온 본성임에도 말이다. 우리가 이런 제품을 직접 만들지 못하는 이유는 물론 퇴화된 기술 탓이기도 하다. 하지만 더 근본적인 건 기술이 퇴화된 원인이다. 우리는 제품을 만들지 못하는 게 아니라 제품을 만들지 않는다. 만들 도구가 없기 때문이다.

디지털카메라 이전에도 사람들은 사진을 찍었다. 1회용 카메라와 볼품없는 자동 카메라가 널리 퍼졌다. 하지만 가족 사진을 찍는다거나 중

컴퓨터로 디자인한 도안에 따라 금속을 자르는 절삭
기. 테크숍은 이런 기계를 사들인 뒤 값싸게 일반인
에게 빌려주는 업체다.

요한 행사의 기록을 남기는 일은 여전히 전문가의 몫이었다. 디지털카메라는 이런 모습을 바꿔놓았다. 값싼 장비의 존재는 아마추어도 전문가 못잖은 사진을 찍도록 돕는 촉매가 됐다. '프로들의 공구'를 갖지 못해 프로가 될 기회를 박탈당했던 사람들이 프로와 똑같은 공구를 싼 값에 편하게 쓸 수 있게 되면서 다시 프로처럼 활동하게 된 셈이었다.

테크숍은 그래서 공구를 디지털카메라처럼 만드는 기업이었다. 이곳에서는 싼 값에 전문가들만 사용하는 공구를 빌려준다. 그러면 사람들은 마치 대형 공장에서 갓 제작한 것 같은 잘 빠진 공산품을 직접 만들 수 있게 된다. 이런 대형 공장을 빌려 쓰는 데 필요한 돈은 매월 125달러의 회비뿐이다. 테크숍의 회원은 곧바로 대형 프레스와 레이저 절단기 등을 다루는 법을 배울 수 있고, 이런 기계를 다룰 줄 알면 가게에서 똑같은 자전거를 사는 대신 나만을 위한 자전거를 만드는 일이 가능해진다.

내가 산호세의 테크숍을 찾았던 건 이곳이 문을 열고 나서 얼마 되지 않았던 날의 오전 11시 무렵이었다. 이 작은 공장은 한가했다. 가장 붐볐던 곳은 공업용 재봉틀이 있는 곳이었다. 이곳에는 재봉틀과 함께 사람의 손으로는 만들기 힘든 복잡한 무늬를 자동으로 잘라내 패턴 무늬 레이스를 만들어주는 재단기가 있었다. 테크숍을 안내해주던 직원 브라이언 마틴슨은 이곳을 가리키면서 '패션 구역'이라고 불렀다. 디자이너가 되고 싶은 사람들이 자주 찾는 곳인데, 가위질로 도저히 할 수 없는 규모의 작품도 이곳을 잠시 빌리면 순식간에 만들어진다고 했다. 테크숍은 꿈을 현실로 만들어줬다.

브라이언 또한 이곳에서 직접 자기가 쓸 화물용 자전거를 만들었다고 했다. 집에 있는 자전거로는 큰 짐을 싣기가 힘들고, 무거운 짐을 실을 때마다 타이어와 휠이 주저앉곤 한다는 얘기였다. 그래서 직접 튼튼한 자전거를 만들었다. "페달을 밟는 힘이 너무 많이 들어서 평소에는 그냥 집에 세워놓고 있긴 하지만, 가끔씩 그 자전거가 정말 쓸모 있을 때가 있어요." 브라이언은 직접 만든 자전거를 자랑스러워했다.

테크숍에 쌓여 있는 이 수많은 기계를 『위 제너레이션』의 저자 레이철 보츠먼은 '유휴 생산력'[14]이라고 불렀다. 예를 들어 전동 드릴 같은 생산도구 얘기다. 한 사람이 전동 드릴을 산다면 평생 동안 이 드릴을 써서 실제로 뭔가에 구멍을 뚫는 시간은 채 30분도 되지 않을 것이다. 나머지 시간 동안 이 드릴은 집안 구석에서 먼지를 뒤집어쓰고 잠들어 있을 뿐이다. 사람들이 원하는 건 드릴이 아니라 벽에 뚫린 구멍일 뿐인데도 사람들은 구멍 대신 드릴을 사는 데 돈을 낭비해야 했다. 이런 생산수단을 공유할 수는 없을까. 그 아이디어가 테크숍이 됐다.

테크숍의 마케팅 디렉터인 캐리 몬타메디는 내게 '도도케이스'의 사례를 들려줬다. "버락 오바마 대통령도 그 케이스를 써요. 도도새 그림을 붙인 독특한 대나무 케이스인데 샌프란시스코에서 창업한 기업이죠. 테크숍 기계를 써서 시제품을 만들었어요."

도도케이스는 아이패드를 마치 양장본 책 또는 커다란 몰스킨 수첩처럼 보이게 만들어주는 아이패드 케이스다. 아이패드를 이 케이스로 감싸고 나면 마치 양장본 책을 들고 다니는 느낌이 드는데, 도도케이스는 자신들의 케이스에 이런 느낌을 살리기 위해 플라스틱 대신 나무를 썼다. 책이었다면 그저 잘라서 제본하면 끝이었겠지만, 알루미늄으로 된 공산품인 아이패드를 감싸려면 나무를 오차 없이 정교하게 잘라서 가공하는 게 핵심이었다. 이렇게 정교하게 나무를 자르기 위해서는 약 2만 5000달러짜리 나무 세공 기계가 꼭 필요했다.

　도도케이스의 창업자 패트릭 버클리는 이 기계를 사는 대신 테크숍을 빌려서 시제품을 만들었다. 그리고 이 시제품이 인기를 끌자 대량생산을 통해 59달러짜리 도도케이스를 100만 개 이상 팔았다. 물론 그중 하나는 오바마 대통령의 책상 위로 올라갔다. 그리고 그 가운데 다른 하나는 내 아이패드를 감싸고 있다. 패트릭은 샌프란시스코에서 일일이 수작업으로 조립하는 도도케이스가 이렇게 전 세계로 팔려나가는 제품이 될 줄은 꿈에도 몰랐다. 테크숍은 그에게 세계로 가는 문을 여는 열쇠가 됐다.

소비자와 함께 만드는 제품,
퀴키와 킥스타터

두 사람은 자신들의 회사를 만들고 싶었다. 디자인 회사. 스스로 만들고 싶은 제품을 만들어 세상에 내다 파는 게 꿈이었다. 회사 이름도 정했다. 하지만 창업은 쉽지 않았다. 대학을 갓 졸업한 정승준은 이탈리아에서 디자인 컨설팅 일을 하고 있었고, 문서영은 아직도 대학에서 공부하고 있는 학생이었다. 서영은 일단 졸업이 급했고, 승준은 좀 더 경력을 쌓고 싶었다. 그러자면 창업은 조금 미뤄둬야 할 꿈이었다. 하지만 회사를 세우지 않았다고 해서 하고 싶은 일을 하지 말란 법은 없었다. 특히 요즘 세상에서는 더더욱.

넓은 세상에는 뭔가 다른 길이 있을 것 같았다. 그들은 인터넷을 뒤졌다. 인터넷은 그들에게 세계였다. 좋은 해결책이 존재할 것만 같았다. 그러다가 답을 찾게 됐다. 퀴키Quirky라는 회사였다.

퀴키는 일종의 공장 대행업체다. 미국 서부의 테크숍이 '아이디어를 만들어 보세요. 우리가 기계를 갖춰놓았습니다'라는 방식으로 운영되는 회사라면 동부의 퀴키는 '아이디어를 주세요. 우리가 제품을 만들어 팔아드릴 테니'라는 방식이다. 아마추어 발명가들이 아이디어를 올리면

이 아이디어를 심사해서 대량생산할 제품을 고른다. 일단 대량생산을 결정하고 난 뒤에는 제품 홍보와 마케팅, 판매까지 쿼키가 모두 대행해준다. 그리고 나서 매출의 30%는 아이디어를 낸 사람에게 지불한다.

아이디어를 한두 명이 만들어내야 하는 것도 아니다. 쿼키는 커뮤니티를 활용한다. 하나의 아이디어가 올라오면 수많은 네티즌이 자발적으로 이 아이디어를 상용화하는 데 필요한 다른 아이디어를 내놓는다. 소재를 무엇으로 할지, 제품명으로는 어떤 이름이 적합할지, 색상과 제품 포장은 어떻게 구성할지 등에 대한 아이디어가 쏟아진다. 결과적으로 제품이 최종 상용화에 성공할 때쯤에는 이 제품은 누구의 소유도 아니게 된다. 모두가 함께 만든 제품이 되는 것이다. 각자의 기여도는 백분율%로 계산된다. 쿼키가 아이디어를 낸 사람들에게 돌려주는 30%의 매출을 이 기여도에 따라 모두가 자동으로 나눠 받게 된다.

그래서 아이디어를 내놓은 사람도 자신의 아이디어에 대한 지적재산권은 아이디어 제출과 함께 쿼키에 양도하게 된다. 하지만 제품이 상용화에 실패할 경우 제품 개발에 기여한 모든 사람들은 자신의 기여분에 해당하는 지적재산권을 쿼키로부터 다시 환수할 수 있다. 승준도 "쿼키에서 제품을 한번 만들어보겠다고 결정한 건 쿼키의 지적재산권 정책이 가장 합리적이고 지적재산권 보유자를 배려하는 방식이라고 생각했기 때문" 이라고 말했다.

그렇게 두 사람이 만든 제품이 토템TOTEM이란 컵이었다. 아이디어는 간단했다. 컵은 쌓아놓으면 안쪽이 잘 마르지 않는다. 젖은 컵 내부에선 세균이 번식하기도 쉽다. 더운물로 설거지를 마친 뒤 컵을 쌓아놓으면 쌓인 컵이 식으면서 꽉 달라붙는다. 이를 떼어내느라 고생해본 경험이 누구라도 몇 차례 있었을 것이다.

토템의 아이디어는 간단했다. 컵 표면에 돌기를 만든 게 전부였다. 컵을 쌓아놓으면 이 돌기에 걸려 컵과 컵 사이가 약간 벌어지고, 그 틈새로 바람이 통한다. 잘 마르고 쉽게 분리되는 컵이었다. 두 사람은 이 아이디어를 쿼키에 올렸다. 다른 쿼키의 멤버들은 좋은 아이디어라고 호평하면서 자신들의 아이디어를 더했다. 토템이란 이름 자체가 이런 식으로 커뮤니티의 참여를 통해 정해진 제품명이었다.

쿼키는 토템의 대량생산을 결정했다. 그리고 이제 토템은 미국의 대형마트 타깃과 욕실용품 전문점인 베드배스앤비욘드 등에서 판매된다. 가진 것 없는 젊은 디자이너 두 명이서 미국 대형 유통매장에 자신들의 제품을 전시하게 됐다. 과거였다면 쉽지 않은 일이라고 생각할 일이었다. 하지만 이젠 쉬운 일이다.

승준을 만났던 건 마침 그가 취업 비자를 갱신하기 위해 한국을 찾았던 봄날이었다. 그는 멋진 스카프를 둘러 약간 쌀쌀한 초봄의 추위를 견디고 있었다. 그는 쿼키를 통해 번 돈은 아직 그리 많지 않다고 했다. 그보다는 이 과정에서 얻은 게 많았다고 했다. 특히 커뮤니티를 통한 낯선 사람들과의 협력이 인상적이었다. "별로 제 주장을 고집할 필요가 없었어요. 전혀 모르던 사람들이었는데도 진짜 전문적인 조언을 해줬거든요. 그리고 그들도 그 조언의 대가를 얻을 수 있었으니 다행이에요."

3월의 뉴욕은 때 이른 여름이 온 느낌이었다. 태양은 기분 좋았지만, 허드슨 강변을 따라 걷다 보니 등에선 땀이 흘렀다. 왼쪽으로는 번호를 매긴 부두와 예전에 물류 창고로 쓰이다 카페와 쇼핑몰로 리모델링된 건물들이 계속 스쳐 지나갔다. 11번가를 따라 계속 걸었다. 허드슨 야드에 조금 못 미쳤을 때 왼편으로 쿼키 본사가 나왔다.

쿼키는 2011년 옛 해운회사 물류창고를 싼 값에 사들여 리모델링했다. 첼시가 땅값이 싼 지역은 아니었지만 그래도 맨해튼의 다른 지역과 비교하면 나은 편이었다. 그리고 쿼키가 자리 잡은 곳은 일반적으로 첼시라고 불리는 멋진 식당과 카페가 가득한 거리와 비교해 약간 외진 곳이었고, 길 바로 건너편에는 허드슨 야드 재개발이 이뤄지고 있었다.

4층으로 올라가는 엘리베이터에서 내리자 일종의 전시장 같은 느낌을 주는 쿼키의 샘플 스토어가 나타났다. 지금까지 쿼키를 통해 상용화에 성공한 제품들을 전시해놓고 회사를 찾는 방문자에게 판매도 하고 설명도 하는 공간이었다. PR 매니저였던 제이미 얀돌리노는 사무실 곳곳을 안내했다. 불과 3년 전에 창업한 이 회사는 많은 작은 기업들이 그렇게 시작하듯, 창업자인 벤 카우프만의 집을 사무실로 썼다. 그러고는 점차 사무실을 넓혀 지금의 자리로 이사했다. 벤은 '모피 Morphie'라는 애플 제품들과 관련된 액세서리를 만들어 판매하던 사람이었다.

그가 만든 액세서리는 애플 관련 컨퍼런스였던 맥월드에서 좋은 평가를 받았다. 하지만 문제는 생산이었다. 벤에게는 아이디어가 많았지만, 실제로 판매 가능한 가격 경쟁력을 갖춘 제품을 만들기 위해서는 대량생

뉴욕 허드슨야드 쿼키 본사의 아이디어 회의실. 이곳
에서는 브레인 스토밍 과정이 온라인으로 회원들에
게 생중계된다.

산이 필수였다. 10개, 100개 만드는 걸로는 부족했다. 적어도 1만 개 정도는 만들어야 판매 가능한 제품이 됐다. 벤은 스스로 겪던 어려움을 해결할 방법을 찾다가 퀴키의 아이디어를 떠올렸다. 우리 모두는 각자 자신만의 독특한 아이디어를 가진 발명가가 아니었던가.

벤의 이런 생각 덕분에 승준과 서영의 토템 외에도 다양한 아이디어들이 퀴키를 통해 빛을 보게 됐다. 미국의 유명한 디자인 학교인 로드아일랜드 디자인 스쿨 학생이었던 제이크 지엔은 '피봇파워'라는 멀티탭을 만들었다. 많은 사람이 멀티탭을 쓸 때 크기가 큰 어댑터를 멀티탭에 꽂으면 옆의 소켓까지 가려버려서 문제를 겪는다. 제이크는 이 문제를 해결하기 위해 자유자재로 휘어지는 멀티탭을 떠올렸다. 그 아이디어에 700여 명의 퀴키 회원들이 달려들어 자신들의 의견을 더했다. 색상과 적정 가격 책정까지 다양한 아이디어가 구체화되자 제이크의 피봇파워는 초기 디자인과는 많이 달라졌지만 소비자에게 훨씬 좋은 반응을 얻을 수 있는 멋진 제품으로 발전했다.

제이미는 이런 과정이 어떻게 일어나는지 설명해줬다. 그녀는 내게 회의실 하나를 보여줬다. 다른 회의실과는 달랐다. 벽을 가득 메운 건 온갖 종이였다. 종이 위에는 아이디어가 적혀 있었다. 이 방은 퀴키의 직원들이 아이디어 회의를 벌이는 공간이었다. 벽을 메운 종이만 차이점이 아니었다. 천장에는 카메라가 달려 있었다. 회의를 생중계하기 위한 촬영 시설이었다. 물론 벽 사이에는 고감도 마이크도 달려 있다.

퀴키에서 일상적으로 내리는 의사결정 가운데 가장 중요한 건 제한

된 예산을 갖고 어떤 아이디어를 대량생산할지 결정하는 일이다. 회사의 핵심 업무인데 쿼키는 이런 일에 네티즌의 참여를 요청한다. 회의 전체를 인터넷으로 생중계하면서 쿼키 커뮤니티의 회원들에게 의견을 실시간으로 내달라 부탁하는 것이다. 아이디어가 회원들의 것인 만큼 대량생산 결정도 회원들의 뜻에 따라 이뤄져야 했다. 벽을 가득 채운 종이는 이 과정에서 직원들이 벌이는 브레인스토밍이고, 회원들이 인터넷으로 올리는 아이디어기도 하다. 누군가 이렇게 공개된 회의를 보면서 아이디어만 훔쳐내 카피캣(모방) 제품을 만들어 쿼키를 위협할 수도 있다. 공유되고 개방된 회의의 약점이다. 쿼키도 이런 위험을 안다. 그래서 이런 걸 막기 위해 쿼키가 택한 방법은 속도다. 아이디어가 결정되면 최대한 빠른 시간에 제품을 만들어내고 이를 시장에 내놓는다. 그리고 빠르게 다음 제품 개발과 생산으로 넘어간다. 세계 30개국에 제품을 팔면서도 쿼키의 직원 수는 72명에 불과하다.

쿼키가 첫 제품을 시장에 판매한 건 2009년 8월이었다. 시작 당시 멤버는 8명. 불과 3년 만에 쿼키는 매주 2500개의 새로운 아이디어를 받아 이를 심사해 생산으로 이어지게 만드는 업체로 성장했다. 이들의 제조 공장은 중국에 있고, 글로벌 공급망 관리를 위해 홍콩에도 15명 정도의 직원들이 상주하는 사무실을 운영하고 있다.

혼자서 23개 해외 유통업체를 관리한다는 해외영업 총괄 가렛 반데어붐은 "제품을 만드는 방식이 완전히 바뀌고 있다"고 말했다. "킥스타터 같은 모델도 훌륭하지만, 이런 모델은 최종 완성품이 나오지 않으면 아이디어를 내고 사업을 시작한 사람들이 소송을 당할 수밖에 없다. 하지만 쿼키는 다르다. 책임과 부담은 최소화하면서도 쿼키를 통해서는 꿈을 현실로 만들어낼 수 있다."

아이폰 사용자였던 에릭 미지코프스키가 처음 '페블'이란 아이디어를 떠올렸을 때 그에겐 아무것도 없었다. 안드로이드 스마트폰을 위해서는 멋진 '스마트 워치'가 판매됐다. 스마트폰에 전화가 걸려오면 손목시계 화면에 누구의 전화인지 발신자 번호가 표시되고, 문자와 이메일을 읽을 수 있으며, 음악을 조절하거나 조깅할 때 얼마나 뛰었는지를 알려주는 시계였다. 아이폰에선 이런 걸 쓸 길이 없었다. 애플이 만들지 않기 때문에.

에릭은 직접 만들어보고 싶었다. 외부 활동에 사용해야 하고, 자주 충전하기는 싫으니까 화면은 전자잉크로 만들겠다는 콘셉트를 잡았다. 블루투스로 아이폰과 연결돼야 하고, 기왕 만드는 김에 안드로이드폰에서도 쓸 수 있으면 좋겠다고 생각했다. 아이폰처럼 사용자들이 직접 페블 시계에 들어갈 앱도 만들도록 해주고, 배터리는 한 번 충전하면 일주일은 쓸 수 있어야 했다.

그래서 시제품을 하나 만들어 동영상을 찍었다. 그리고 '킥스타터Kickstarter'라는 웹사이트에 동영상을 올렸다. 에릭의 메시지는 간단했다.

"한 개에 150달러를 받을 스마트 워치를 만들고 있어요. 99달러만 후원하시면 이 시계를 만들자마자 한 개 드릴게요. 선착순 200분. 115달러를 주시면 순서에 관계없이 무조건 한 개 드립니다. 1000달러를 주시면 10개를 드리고, 색상도 고르실 수 있어요."[15]

10만 달러, 그러니까 약 1억 원 남짓만 있으면 대량생산이 가능하겠다 싶었다. 그래서 에릭은 10만 달러 모금을 목표로 이 제안을 올렸다. 킥스타터는 아이디어를 가진 사람들이 아이디어를 올리고 이를 실행하기 위한 모금을 진행하는 웹사이트다. 하지만 에릭은 몰랐다. 이틀 만에 목표액이 다 찼다. 한 달 남짓 진행된 모금 기간 동안 모인 총 후원금은 1026만 달러. 목표액보다 100배 이상 많은 액수였다.

바꿔 말하면 에릭은 아이디어를 바탕으로 제품을 만들기 전에 '예약 주문'으로만 기대보다 100배의 매출을 올린 셈이었다. 킥스타터는 지금까지 여러 건의 재미있는 프로젝트에 대한 후원을 성공시켰다. 하지만 어떤 경우도 페블처럼 성공적이지는 못했다. 이 스마트 워치는 곧 세계적인 유명세를 얻었다. 매스컴의 취재가 이어졌고, 에릭은 하루아침에 인기스타가 됐다.

지금도 종로 거리나 대학로, 홍대 앞 등 젊은이들이 몰리는 거리에 나가면 다양한 인종의 상인들이 좌판을 펼친 채 각종 장신구를 파는 모습을 쉽게 볼 수 있다. 이런 장신구의 일부는 그들이 직접 만들어서 들고 온 것이기도 하지만, 상당수는 그들 또한 어딘가에서 산 것이다. 이국적인 느낌의 이런 장신구는 값도 그다지 비싸지 않기 때문에 사람들이 즐겨 찾는다. 심지어 많은 사람이 이런 이국적인 장신구가 백화점의 유리 진열대에서 팔리는 값비싼 장신구는 주지 못하는 독특한 가치를 준다고 생각한다.

페블. 아직 완성품이 나오지도 않은 이 시계는 예약
주문으로만 1000만 달러 이상 팔려 나갔다. 킥스타터
덕분이었다.

실제로도 안목을 갖춘 사람들이 제대로 이런 '거리의 장신구'를 사서 스스로를 꾸미는 모습은 많은 사람을 감탄하게 만들기도 한다.

이렇게 훌륭한 장신구의 값이 그다지 비싸지 않은 이유는 이런 장신구가 아주 다양한 사람들에 의해 굉장히 많이 만들어지기 때문이다. 굳이 장신구만이 아니다. 집에서 사용하는 그릇, 잡다한 가구, 목욕용품과 주방용품 등 수많은 수공예품이 이런 식으로 독특한 미학적 가치를 가지고 만들어지지만 그 수준에 상응하는 가치를 얻지 못한 채 사라지고 만다.

엣시Etsy는 이런 수공예품의 백화점이다. 뉴욕대 졸업생 로브 칼린은 직접 수공예로 목재 가구를 만들어 파는 목수이기도 했다. 물론 그가 만든 가구는 널판지를 이어 만든 평범한 가구와는 달랐다. 공산품이라기보다 예술품에 가깝던 제품이었지만 이런 가치를 인정받기란 쉽지 않았다. 그래서 로브는 직접 서비스를 만들기로 했다. 웹사이트를 만들어 가구뿐만 아니라 직접 손으로 만든 모든 제품을 거래할 수 있게 만들었고, 거래 대상은 수공예품에 한정했다. 멋진 웹사이트가 싸구려 중국제 공산품을 거래하는 사람들로 득시글거리는 2류 이베이가 되는 게 싫었기 때문이었다.

지금 엣시에서는 세계 150개국 1500만 명 회원이 87만 명의 수공예품 상인들로부터 물건을 사들이고 있다. 2011년 거래액은 5억 2560만 달러를 넘어섰고, 이 금액은 해마다 두 배 가까이 늘어나는 추세다. 2012년 엣시는 추가 투자를 유치하면서 "지금보다 더 글로벌한 서비스를 만들겠다"는 목표도 밝혔다. 엣시를 통해 이름없는 거리의 장신구를 팔던 상인들도, 집에서 취미로 옷을 만들던 주부도, 이름 없던 목수들도 세계를 상대로 물건을 파는 상인들이 됐다.

　　세상이 달라지기 시작했다. 투자는 넥타이를 맨 근엄한 투자자에게서 받는 게 아니었다. 이제 투자도 소비자가 직접 하는 시대가 됐다. 큰 신경을 쓰지 않고도 전 세계를 상대로 집에서 만든 제품을 팔 수 있게 된 것 또한 큰 변화다. 사업의 모든 게 변하고 있다. 아주 작은 아이디어라도 정확한 시장을 찾아낼 수만 있다면 세상에서 빛을 볼 수 있다. 그리고 그 아이디어의 가치가 남달랐다면 우리가 살아가는 시대는 이런 특별한 아이디어에 엄청난 성공을 안겨준다.

　　하지만 그러기 위해서는 해결해야 할 과제가 남아 있었다. 첫 번째로는 이런 새로운 트렌드를 이용해 만들어진 제품들이 사람들 사이에서 익숙해져야만 했다. 이는 대형마트나 백화점 같은 거대한 상점에 가서 물건을 사오는 습관을 다시금 개인 대 개인의 거래로 바꿔야 한다는 걸 뜻한다. 두 번째로는 이렇게 팔리는 물건들에 어떻게 신뢰를 부여할 수 있느냐의 문제다. 사람들이 백화점과 대형마트를 찾는 건 물건이 잘못되더라도 이런 큰 매장에서 반품과 교환, 수리를 대신 맡아서 해주리라는 신뢰가 있기 때문이다.

　　글로벌 기업의 크기는 티끌만큼 작아졌다. 그리고 이렇게 작아진 기업들의 거래를 익숙하게 만들고, 1인 기업에게도 신뢰를 부여하는 새로운 시스템을 살펴보자. '공유경제'라고 불리는 새로운 흐름 이야기다.

3장

공유라는 바이러스

묻혀 있던 재능이 빛을 보다,
집밥의 주부들

3월 중순이었지만 아직 날은 쌀쌀했다. 낮 12시, 점심 시간이었는데도 아무도 나타나지 않았다. 예정된 시간이 지나가면서 식탁 위에 늘어놓은 주먹밥은 서서히 굳어가고 있었다. 뚜껑을 활짝 열어놓은 냄비 속 된장국은 온기를 잃어갔다. 한두 명이 나타나 식당으로 쓰이는 카페 안을 기웃거렸다. 하지만 이들도 이내 다시 발길을 되돌려 나갔다.

2012년 3월 15일, 영등포의 서울시 청소년 지원센터 '하자센터' 사무실이었다. 서울시가 만들고 연세대가 위탁 운영하고 있는 이 단체는 특별한 점심 메뉴를 신청했다. 동네 분식집에서 식사하는 대신 제대로 된 음식을 한 번 먹어보자는 취지에서였다.

점심값은 1인분에 4000원, 메뉴는 주먹밥이었다. 직원들 가운데 일부는 재밌는 경험이리라 생각했겠지만 많은 사람은 '4000원짜리 주먹밥'이 아깝다 생각했던 모양이었다. 점심시간이 지나가는데도 센터 안 카페에 차려놓은 밥상 주위로는 누구도 나타나지 않았다. 사람들은 근처 식당과 분식점으로 발길을 돌렸다. 약 10분이 지나서야 한 테이블에 사람들이 앉았고, 그제야 드문드문 삼삼오오 일행들이 찾아오기 시작했다.

준비해둔 테이블이 꽉 찬 건 점심시간이 한참 지난 12시 30분이 넘어서부터였다. 4000원짜리 주먹밥이란 행사를 기획했던 박인은 식사 사진을 찍어 페이스북에 올렸다. 실시간으로 안타까움이 묻어나는 댓글이 달렸다. "아~ 나 지금 김밥천국에서 점심 먹고 있는데!"

그제야 김선영 '셰프'가 웃었다. 그녀는 앉았다 일어섰다를 반복하면서 오는 사람들에게 맛있게 드시라는 인사를 건넸다. 그러다가 아예 자리에서 일어섰다. 그러고는 테이블에 앉아 있는 사람들에게 다가가 말을 걸기 시작했다. "더 드실래요?"

선영은 두 달 전 허리 디스크 수술을 받아 병원에 누워 있었다. 두 번째 수술이었다. 결국 아픈 허리 때문에 다니던 회사도 그만뒀다. 그녀가 평생 배운 기술이라고는 하나뿐이었다. 밥하는 일. 손자, 손녀를 본 할머니인 그녀 또래의 많은 여성의 삶이 크게 다르지 않았다. 기술은 요리였고, 평생 해온 일은 살림이었다.

하지만 그녀는 그냥 멈춰 있지 않았다. 기왕 할 줄 아는 게 밥하는 일이라면 그 일을 잘하고 싶었다. 식당을 낸다는 사람을 찾아가 주방에 취직시켜달라고 했다. 주위에서 누군가 좀 특색 있는 전문 식당을 개업한다면 공짜로라도 일을 돕고 싶어 했다.

그렇게 얻은 마지막 일자리가 한 자동차회사의 구내식당 조리장이었다. 그날그날 요리에 대한 평가를 받는 자리였다. 어떤 반찬이 남았는지, 얼마나 많은 직원이 찾아왔는지가 그녀의 성적표였다. 다행히도 선영에 대한 평가는 나쁘지 않았다. 문제는 디스크였다.

주방을 떠났던 그녀에게 이날은 '간이무대'였지만 동시에 복귀 무대인 셈이었다. 인은 '아줌마' 또는 '조리장님'이란 호칭 말고는 받아본 적이 없던 그녀에게 '셰프'라는 낯선 호칭을 붙였다. 선영은 '김 셰프'가 됐다. 그녀는 다시 한 번 인정받고 싶었다.

주먹밥은 뒤늦게 모두 다 팔려나갔다. 텅 빈 식탁을 바라보면서 선영은 말했다. "난 정말 요리하는 게 너무 좋아요."

인은 처음부터 작은 실수를 저질렀다. '4000원짜리 주먹밥'은 주먹밥이 아무리 최고라고 해도 가격에 무리가 있어 보였다. 하지만 선영이 준비한 점심은 단순한 주먹밥이 아니었다. 김치와 야채, 참치로 속을 만들어 넣은 세가지 색 주먹밥 외에도 김 셰프의 코스에는 따뜻한 근대 된장국이 곁들여졌다. 반찬으로는 매생이와 버섯, 김치로 만든 세 종류의 전이 나왔고, 봄이 제철인 돌나물 샐러드와 과일누룽지 샐러드가 함께 식탁에 놓였다. 선영은 후식이라며 집에서 직접 담근 식혜도 한 그릇 내왔다. 주먹밥은 그저 이름일 뿐이었다. 이런 멋들어진 한 끼 식탁은 어디서도 4000원에 먹을 수 없는 요리였다.

결국 트위터와 페이스북을 보고 나서 사람들이 시간을 넘긴 뒤 계속 찾아왔다. 오후 1시가 돼 식사 시간이 지났는데도 인과 선영은 식탁을 정리할 수가 없었다.

이번은 네 번째 행사였다. 인은 이런 행사를 할 때마다 늘 바빴다. 사람들은 늘 예상보다 많이 모였고, 준비하는 음식 양은 계속 늘려갔지만 늘 부족했다. 인은 어디에 광고를 할 돈도, 정신적 여유도 없었다. 그저 페이

집밥이 기획했던 4000원짜리 주먹밥 점심. 평범한 아
줌마는 이 자리를 통해 '셰프'가 됐다.

스북에 '함께 식사하실래요?' 수준의 글을 남기는 게 그녀가 사람들을 이 식사 자리로 불러들이는 전부였다. 그래도 인의 식탁은 늘 성황이었다.

박인은 스스로를 집밥의 행동대장이라고 부른다. 집밥은 그녀가 2012년 3월에 세운 회사의 이름이다. 정식 명칭은 '소셜다이닝 집밥'. 함께 밥 먹는 모임을 만드는 회사다. 행동대장은 CEO 같은 거창한 직함이 싫어서 대신 만든 직책이다. 이 회사의 직원은 인 혼자뿐이다. 인터넷 서비스이기 때문에 시스템을 만들어주는 친구와 기타 여러 업무를 도와주는 친구가 파트타임으로 함께 일하지만, 그들은 짬을 내서 서비스로 도와줄 뿐이다. 이 회사는 1인 기업이었다.

한 달 전인 2월까지만 해도 그녀는 딜로이트 컨설팅의 컨설턴트였다. 대학을 갓 졸업한 젊은 여성에게 꽤 그럴싸해 보이는 직업이었다. 하지만 영 맞는 옷 같은 생각이 들지 않았다. 그녀는 나와 처음 만났던 날 아무런 경계심 없이 말했다. "뭘 하려고 사는 건지 모르겠더라고요. 우울증에 걸릴 것 같았어요. 약간 비슷한 증세도 느껴졌고요."

뭔가 사람 냄새 나는 일이 하고 싶었다. 무엇보다 그녀는 일을 하면서 스스로 위안받고자 하는 것 같았다. 일은 인에게 구도의 길이었고, 깨달음의 수행이었다. 그리고 그녀에게 가장 큰 문제는 말 그대로 먹고 사는 문제였다.

"밥이 먹고 싶었거든요. 엄마가 만든 밥."

인의 아버지는 사업가였다. 세계 각국의 물건을 세계 각국에 중개해 팔았다. 인은 그런 아버지를 따라 어린 시절의 대부분을 인도에서 보냈고,

고등학교 시절 한국에 돌아온 뒤에는 부모와 떨어져 '한국 유학' 생활을 했다. 대부분의 식사를 가게에서 사 먹었다. 그래서 늘 그 맛이 그리웠다. '엄마가 집에서 해준 밥'. 하지만 혼자 사는 여자가 밥을 해먹는다는 건 쉬운 일이 아니었다. 조리기구도 필요하고, 주방도 필요했으며, 재료도 필요했다. 무엇보다 1인분을 하기 위해 4인분 재료를 사는 일이 가장 엄두가 나지 않는 일이었다. 다른 방법이 필요했다.

"세상에 수많은 집이 오늘도 세 끼 식사를 요리 중인데, 그 집밥을 좀 나눠 먹을 수 없을까 싶었던 거죠." 단순한 아이디어였지만 이미 외국에선 존재하는 서비스였다. 세 식구의 식사를 준비하던 주부가 파스타를 조금 더 만드는 건 별로 힘든 일이 아니고, 세 마리 구울 생선을 너댓 마리 굽는 것도 어려운 일이 아니게 마련이다. 이런 식으로 조금씩 더 만든 음식을 팔 수 있게 해주는 회사가 외국엔 있었다. 이건 시내의 식당에서 음식을 사오는 것보다도 좋은 일이었다. 대부분의 전문 식당은 시내에 있지만, 대부분의 가정은 주택가에 있으니까 퇴근길에 옆집에서 저녁 식사를 사서 집에 가져가면 음식이 식을 걱정도 훨씬 줄어들게 마련이었다. 그리고 이런 서비스는 자연스럽게 이웃과의 만남을 늘리는 효과도 가져왔다.

하지만 과연 이런 사업이 한국에서도 통할까. 내가 할 수 있을까. 박인의 고민은 일단 해보자는 것으로 바뀌었다. 돈을 내고 집밥을 나눠 먹으면 '신세를 진다'는 생각도 사라질 테고, 밥을 만드는 사람은 정식 요리사처럼 자기 이름을 걸고 요리를 할 길이 생기는 셈이었다.

회사를 때려치우기로 결정하니 어려울 일이 없었다. 코업에 새 사무실을 냈다. 새 사무실이라고 했지만 코업은 그냥 탁자와 전화기, 인터넷 등의 설비가 갖춰진 공동 사무실에 불과하다. 카페와 비슷하지만 일하는 사람들이 모여 있는 곳이다. 시간당 돈을 내고 사무실이 필요한 사람들은 사무실을 빌려 쓴다. 박인이 하고자 했던 집밥과 비슷한 개념이다. 어차피 혼자서 창업해서 혼자 대부분의 일을 할 테고, 사람들을 만나러 다니느라 사무실에는 하루에 한두 시간도 앉아 있지 않을 텐데, 비싼 월세를 낸다는 건 의미가 없었다.

이곳에서 집밥으로 만든 첫 번째 식사 자리를 주최했다. '집에서 만든 카레라이스'가 메뉴였다. 고급 인도 레스토랑의 '커리' 말고, 할머니가 만든 '카레' 말이다.

그 뒤로는 모든 게 일사천리로 진행됐다. 그녀는 늘 사람들에게 음식부터 대접한 뒤 사업 아이디어를 들이밀었다. 협상 테이블에서도 늘 현안보다 식사가 먼저 나오게 마련이다. 음식은 긴장을 풀게 만든다. 인의 작전은 정확하게 들어맞았다. 식사를 대접받은 뒤 나쁜 인상을 받고 돌아가는 사람은 거의 없었다. 집밥은 '의미 있어 보이는 새로운 사업'으로 소셜미디어의 창업가 네트워크를 통해 서서히 인정받기 시작했다.

첫 식사 자리를 열었던 날, 그러니까 '김선영 셰프'의 식사에 앞서 정확히 일주일 전, 인은 역시 주부 요리사였던 '정유정 셰프'를 불렀다. 식당 대신 서울 마포구의 작은 카페를 빌렸고, 유정이 집에서 차려온 음식을 이곳에 늘어놓았다. 카페는 임시 식당이 됐다.

유정도 셰프라고 불리기엔 소속이 없는 주부였지만, 요리경연대회

금상, 문화부장관상 등을 받은 실력파 요리사였다. 하지만 인의 행사에 초청되기 전까지 세상은 그녀를 아줌마라고 불렀을 뿐이었다. 토란탕과 고추된장무침, 무말랭이와 김치. 유정이 차린 밥상은 소박했다. 하지만 맛은 남달랐다. 그녀는 '디저트'라며 약과를 직접 만들어 하나하나 비닐 포장지에 담아왔다. 30명이 만족스러운 저녁 식사를 마치는 데 들어간 재료비는 단 10만 원. 이날 저녁 식사의 가치는 돈으로 쉽게 환산되지 않았다.

집에서 만든 음식을 내다 파는 사람은 많다. 집에서 음식을 만드는 기술을 익힌 덕분에 창업의 길에 나서는 자영업자들도 많다. 한국은 구글이나 페이스북 같은 대학생 성공 신화는 적을지 몰라도, 인구 대비 창업 비중을 살펴보면 창업 왕국이다.

통계청 경제활동인구 조사에 따르면 2011년 경제활동인구 2515만 명 가운데 자영업자가 572만 명이다. 이런 자영업자의 가게에서 돈을 받지 않고 일하는 '무급 가족 노동자'의 수도 136만 명. 전체 경제활동인구의 28%에 이르는 약 708만 명의 인구가 자영업으로 노동 활동을 대신한다.

인은 이렇게 말했다. "한국에 요리사가 얼마나 많은지 아세요? 정말 많아요. 너무 많아서 제발 요리만 했으면 좋겠다는 분들이 끊임없이 있어요. 저 같은 젊은 사람이 이런 행사를 하는데 재료비밖에 못 드린다면서 요리를 해달라고 부탁해도 '이게 요리를 하고 사람들에게 알릴 수 있는 기회가 된다면 얼마든지 좋다'면서 찾아오시는 분들이 계세요. 그러니 제가 계속 행사를 여는 거죠. 젊은 친구들도 많아요. 전공은 식품영양학이고 조리사 자격증도 있는데, 취직할 곳이 없는 친구들 말이죠. 실력이 있으면

뭐해요. 이들에겐 실력을 보일 곳이 없는데."

집밥에는 몇 가지 약한 고리가 존재했다. 우선 이 행사는 식사를 파는 요식업에 가깝지만 식품관리법의 적용을 받기엔 정해진 식당도, 정해진 요리사도 없다. 그래서 인은 집밥을 요식업소가 아닌 이벤트기획사로 등록했다.

모르는 사람이 만드는 식사를 돈을 주고 사먹겠다는 손님을 모으는 것도 결코 쉬운 일이 아니었다. 그래서 우선 작게 시작했다. 일종의 온라인 '번개' 모임처럼 아는 사람들을 중심으로 조금씩 신뢰의 외연을 넓혀 나갔다. 집밥 행사에서 안면을 튼 사람들에게는 계속해서 다른 자리로 네트워크를 넓힐 수 있도록 도움을 요청했다.

그 결과 집밥의 열한 번째 식사 모임은 좀 달라졌다. 인은 프라이머를 모임의 주제로 선택했다. 프라이머란 이니시스의 창업자 권도균, 다음 창업자 이재웅과 이택경, 네오위즈 창업자 장병규 등 성공한 사업가들이 만든 벤처캐피탈의 이름이다.

인은 프라이머를 통해 투자를 받는 데 성공한 벤처기업이나 또는 이런 기업에 관심이 있는 사람들을 초청해 함께 밥을 먹자고 했다. 열 번째까지의 행사는 '이웃 같은 일반인'들이 만든 음식이 상업적으로 판매될 수 있는지에 대한 인의 질문이었다. 그 답은 긍정적이었다. 낯선 이가 만든 음식을 사람들은 믿고 먹었다.

이런 식사 자리에 처음 참석한 소비자에게도 믿음을 줄 수 있던 건 인터넷에 쌓인 기록이었다. 비록 일반인 요리사였지만 음식을 만들기로 한 사람들은 모두 최소한 수개월, 길게는 수년 동안 요리와 관련된 주제로 블로그를 운영했다. 그리고 그들이 만든 음식은 이미 평가를 받은 적이 있었다. 게다가 페이스북을 통해 집밥의 음식 모임에 대한 후기도 퍼져 나갔다. 요리를 하는 사람이나 행사를 주최하는 사람을 전혀 모르던 사람들도 이런 기록들만으로 '믿을 만한 사람'이란 느낌을 얻을 수 있었다.

열한 번째 집밥에는 다른 측면에서의 신뢰가 필요했다. 과연 낯선 사람들끼리 만나 함께 밥을 먹을 수 있겠느냐는 불신을 믿음으로 바꿔야 했다. 답은 공통의 화제였다. '프라이머 그리고 스타트업', 집밥의 새 방향은 사업에 관심이 있고 창업을 꿈꾸는 사람들을 한데 모았다. 이 시도의 결과도 나쁘지 않았다. 아이디어를 올리자 36명이 참가를 신청했고, 34명이 최종적으로 행사 장소에 나타났다. 분위기는 시종일관 화기애애했다. 박인조차 어느 테이블에서 무슨 얘기가 일어나는지 알 수 없었다. 사람들의 대화는 끝나지 않았고, 박수 소리가 이곳저곳에서 터져 나왔다.

홍대 입구 인근의 '슬로비'라는 조리 시설까지 갖춰 놓은 작은 식당은 이날 저녁 내내 엄청나게 붐비는 식당처럼 정신없이 돌아갔다. 고등학생부터 50대까지 다양한 연령대의 남성들이 모여 수다를 떨었다. 물론 이들 가운데 대부분은 이날 식사 이전까지 전혀 모르던 사람들이었다.

인의 사업은 늘 성공의 기준이 수십 명에 불과했다. 이 수십 명의 성공이 자주, 문제 없이 이뤄지면 사업은 거대하게 성공하는 모델이다. 지금까지 대부분의 사업은 박인이 직접 만들고 조직했다. 앞으로 이 모델이 비즈니스가 되려면 직접 연결이 일어나야 한다. 모임을 만들고 싶은 호스트가 나타나고, 이들이 직접 게스트를 모을 수 있을 때 모든 게 달라진다.

그리고 그날이 되면 박인은 뒤로 빠질 예정이다. 그때부터 작은 사업은 큰 성공이 된다. 이름 없는 요리사도, 이름 없는 식당도, 이름 없는 사람들의 작은 모임도 모두 수십 명의 모임을 이어가면서 작은 성공을 쌓도록 돕는 게 집밥의 비즈니스 모델이다.

브랜드를 가진 개인들,
헬로네이처와 번개장터

경민은 "상업적인 목적에서 농작물을 기르는 농장 가운데 둘레길이 가로지르는 농장은 전국에 여기밖에 없다고 한다"며 걸음을 옮겼다. 5월의 산길은 상쾌했다. 매실나무에는 아직 덜 익은 매실이 익어가고 있었고, 그 옆의 나지막한 감나무는 초여름의 햇살 아래에서 맘껏 일광욕을 즐기는 중이었다.

경민은 이곳이 한씨 가문의 한울농장이라고 했다. 아버지의 아버지의 아버지 이전부터 몇 대에 걸쳐 농사를 지어왔던 산. 구례 인근에서 감 농사 규모로는 열 손가락 안에 드는 큰 농장이었다. 하지만 아버지는 경민에게 농사 일을 물려줄 생각은 없었다. 너무 고생스러운 일이었다.

제법 공부를 했던 경민은 수원의 아주대로 진학했고, 컴퓨터를 전공했다. 아버지는 만족스러웠다. 그러던 어느 날 아들은 호주로 떠났다. 워킹홀리데이. 일도 하고 돈도 벌면서 호주에서 머물 수 있는 프로그램이라 젊은이들 사이에서는 어학연수 프로그램으로도 인기가 높았다. 경민은 그저 떠나고 싶었다. 젊은 날, 많은 청춘처럼 그에게도 의미가 필요했다. 스스로의 존재에 대한 의미, 삶의 가치에 대한 고민. 호주는 그런 그에게 깨달음을 줄 것 같았다.

경민은 호주에서 처음으로 땅을 만났다. 평생 땅과 함께 살아온 집안의 아들이었는데도 호주는 참 독특했다. 땅이 새롭게 느껴졌다. 그리고 나무와 벌레도 만났다. 흙내음 섞인 바람의 향긋함을 느꼈다. 워킹홀리데이는 노동을 통해 돈을 벌면서 영어도 배울 수 있는 일석이조의 어학연수로 인기가 높았다. 하지만 이 일을 하면서 농사일의 고됨을 깨닫는 경우는 많았어도 농사를 짓고 싶어 하게 되는 사람을 만나기란 쉽지 않은 일이었다. 농사는 쉬운 일이 아니었으니까.

경민에겐 달랐다. 그는 자연을 좋아했고 농사짓는 걸 좋아했다. 호주 농민들의 부유하지는 않지만 부족하지도 않은 행복한 삶도 동경했다. 마음이 편하고 행복에 대해 어렴풋하게 배울 것 같던 시절, 그는 지금의 아내인 지연을 만났다. 지연은 경민처럼 일이 쉽지 않았다. 농사는 거친 일이었고, 몸이 힘들자 사람들과 겪는 모든 일이 스트레스가 됐다. 그때 경민이 다가왔다. 약간 무심한 듯, 하지만 따뜻한 배려를 담아.

한국에 돌아올 때 경민은 혼자가 아니었다. 둘도 아니었다. 지연의 뱃속에는 첫애가 자라고 있었다. 농사를 짓겠다는 경민의 얘기에 아버지는 깜짝 놀랐다. 반대도 소용 없었다. 어떻게든 해보겠다고 말했다. 벌써 7년째다. 그새 경민 부부는 딸 하나와 아들 둘을 더 낳았다. 경민은 행복하다고 했다.

그 사랑하는 아내와 아이들이 먹을 작물이었다. 농약 같은 건 쓰지 않을 생각이었다. 그런데 그 정도는 꽤 많은 농장에서 했다.

"풀이 많죠?"

경민은 둘레길을 걸으면서 감나무와 매실나무 아래의 수북한 풀을 가리켰다.

"저걸 보고 풀도 안 베는 게으른 농부라고 하는 사람들이 있어요. 하지만 사실과 달라요. 일부러 저렇게 자라도록 놓아둔 거예요."

많은 과수원에서 풀을 벤다. 벌레 때문이다. 풀이 자라면 벌레가 자란다. 벌레는 풀을 먹는다. 처음에는 풀만 먹지만 풀을 다 먹고 나면 감잎을 먹는다. 감이 자라면 열매도 먹는다고 했다. 그게 싫으면 농약을 쳐야 하는데 그러면 유기농 인증을 받을 수 없다. 벌레를 없애려면 풀을 베어내는 게 가장 좋은 방법이란 얘기였다.

"그런데 그거 알아요? 익충과 해충의 구분법. 사람들이 구분한 건데, 정말 자의적이에요."

경민은 나를 보면서 물었다. 물론 나는 답을 몰랐다. 바보처럼 답했다. "사람한테 좋은 벌레가 익충이고, 해로우면 해충이겠죠."

"땡. 답은 초식곤충은 해충이고, 육식곤충은 익충이란 거예요. 작물을 먹으면 해충이고, 해충을 먹으면 익충이란 얘기죠."

경민은 풀을 그냥 뒀다. 벌레가 생겼다. 대신 육식곤충도 함께 자라도록 했다. 가끔 감잎도 쏠리고, 열매를 파먹는 벌레도 나오지만 감나무가 튼튼하고 익충이 충분하면 피해는 충분히 소화할 만한 적은 수준이 된다고 했다. 그는 "완벽한 생태계가 되면 문제가 없는데, 상업 작물은 사람 손을 들여야 좋은 열매를 맺기 때문에 완벽한 생태계를 만들기가 쉽지 않

한울농장의 농장지기 한경민 씨. 제대로 기른 농산물
이 제값을 받는 방법을 찾아내는 게 그의 목표다.

다"고 했다.

하지만 곳곳에 그의 아이디어가 놓여 있었다. 벌레가 너무 많아지고 풀이 지나치게 늘어나는 걸 막기 위해 경민은 닭을 사왔다. 양계장에서 버리는 일명 '폐계'였다. 닭은 나이를 먹으면 하루에 낳는 알이 적어지는데 이러면 사료값이 달걀값보다 많이 들어가게 된다. 양계장은 이런 늙은 닭을 10마리에 3000원 정도에 판다. 말만 잘하면 여기에 열 마리고 스무 마리고 더 얹어주기도 한다. 먹어봐야 맛이 없고, 길러봐야 사료만 먹기 때문이다.

경민이 데려온 닭들은 과수원에서 알아서 자란다. 우리도 없고, 양계장도 없다. 야생동물의 습격에서 방어하기 위해 '방어용 우리'만 만들어놓고 저녁에 그곳에 닭들을 몰아넣는다. 잡아서 옮기지 않아도 닭들이 알아서 몸을 피하러 들어간다고 했다. 이 닭들은 알을 낳기도 하고, 풀과 벌레도 잡아먹는다. 족제비 같은 육식동물에게 가끔 닭을 잃기도 하지만 그 또한 생태계의 일부다.

"이런 농장에서 나는 감과 매실과 달걀이 제 값을 받게 하는 게 목표예요. 하지만 실제로 소비자들에게 거래되는 농작물은 대충 기른 농작물과 같은 값에 거래되죠. 제대로 기른 농작물은 사실 품질 차이가 없어요. 거기서 거기예요. 다 좋거든요. 하지만 엉터리로 기른 건 형편없죠. 그 구분이 됐으면 좋겠어요."

경민은 그런 생각에 직접 자기가 농사지은 작물을 인터넷으로 판다. 지마켓에 올려서 주문을 받기도 했고, 페이스북을 만들어 페이스북 친구들에게 주문을 받아보기도 했다. 남들보다는 늦었지만 2012년 들어서는 스마트폰도 샀다. 농장에 나가서도 인터넷과 연결되기 위해서였다.

헬로네이처는 경민과 같은 사람들을 찾아다니는 회사다. 젊고, 인터넷을 알고, 스스로 판로를 찾고자 하는 데다 나이까지 30대 초반에 불과한 경민과 같은 농민은 아주 드물다. 하지만 좋은 농산물을 기르면서 제값을 못 받는 농민은 많다.

그래서 병열의 처음 생각은 단순했다. 농민들은 정성껏 농작물을 기르는데, 도시 소비자들은 이 정성을 모른 채 농산물을 사먹는다. 그 과정에서 수많은 중간 유통단계가 사이에 끼어들어, 농산물 가격은 치솟지만 정작 농민에겐 그 돈이 제대로 돌아가질 않는다. 그러니 우리가 고쳐보자.

박병열과 좌종호, 유준재, 조태환, 20대 청년 넷은 그렇게 헬로네이처라는 농산물 전자상거래 사이트를 열었다. 이미 수많은 사람이 그들에 앞서서 시작했던 사업이었다. 좋은 농산물의 중간 유통단계를 최대한 줄여서 소비자 가격은 줄이고 농가에 돌아가는 몫은 높이겠다는 생각은 드물지 않은 것이었다. 이미 잘 운영되는 농산물 직거래 웹사이트도 있었고, 유기농산물 전문 매장도 존재했다.

헬로네이처는 조금 더 나아가 볼 생각이었다. 이들은 전국을 돌면서 농가를 섭외하고, '스타 농민'을 만들 계획을 세웠다. 병열은 "농민 개인에게 브랜드가 생긴다면 농민들로서는 자신의 농산물에 더 신경을 써야 할 동기가 부여되고, 소비자는 기꺼이 조금 더 비싼 돈을 내고 좋은 품질의 농산물을 살 이유가 생기는 셈이라고 생각했다"고 말했다.

이 사업을 위해 네 명 가운데 둘은 서울 상암동 사무실에서 웹사이트를 정비하고 고객 대응을 맡았다. 나머지 둘은 끊임없이 시골을 돌면서 농가를 설득하고 농산물 유통 계약을 체결하기 시작했다.

또 하나, 주문과 동시에 수확을 시작하는 시스템도 만들었다. 소비자가 헬로네이처 웹사이트를 통해 사고 싶은 농작물을 선택하면 헬로네이처는 농가에 e메일과 문자메시지를 보내고 전화도 건다. 그때부터 농가에서는 서울에서 주문받은 상품을 수확하기 시작한다. 오전 주문은 오후에 배송이 시작되고, 오후 주문은 다음 날 배송이 시작된다. 길어야 3일이면 서울의 소비자에게 전국 각지의 농산물이 배달되는 시스템이다. 마케팅과 홍보를 담당하는 태환은 "따자마자 먹는 과일 맛 같은 건 도시 사람들은 잘 모른다. 그런 맛을 느끼게 해주는 시스템"이라고 자랑했다.

병열은 낮은 가격을 강조했다. 이렇게 팔면 농민들이 적어도 15% 정도의 이익을 더 가져가는데도 불구하고 소비자 가격도 소매점 가격보다 20%, 대형마트와 비교해도 10% 이상 싸다는 얘기였다. 맛에 대해서도 좀 더 자세한 얘기를 들려줬다.

"요즘 농산물을 사는 데 있어서 가장 큰 문제가 뭔지 아세요? 정보의 비대칭성이에요. 가락동 농수산물 시장에 가보세요. 유통업자들은 기가 막히게 좋은 농산물을 알아요. 만져보고 두드려보고 고르냐고요? 천만의 말씀. 그 사람들은 그냥 알아요. 농가를 아는 거죠. 옆 마을의 박 이장네가 대추를 기막히게 기른다더라, 고추는 철수네 밭 고추가 제일 좋고, 수

박은 건너마을 장 영감네가 최고다, 이런 걸 줄줄 꿰고 있어요. 도매업자도 알아요. 가락동 시장 경매에서 제일 먼저 팔리는 게 이런 농가별 특등품이에요. 이런 게 대부분 백화점으로 들어가죠. 백화점 과일이 맛있다고 그러죠? 맛있는 걸 만드는 농가의 농산물이 거기로 가니까 맛있는 거예요."

병열에 따르면 문제는 농작물이 농가별로 제대로 가치를 인정받으면서 팔리지 않는다는 사실이었다. 그는 여주의 가지 농가를 예로 들었다. 이 농가에서 같은 무게의 가지 한 박스를 가락동 시장에서 팔면 1만 8000원에 판다고 했다. 가지 한 박스가 일반적으로 팔리는 가격은 9000원이라며. 그러니까 이 농가는 다른 농가보다 도매상 사이에서 두 배의 가치를 인정받는 셈이었다. 물론 소비자들은 이 차이를 모른다. 아는 건 소수의 도매상뿐이다. 농가에서도 별 차이 없는 가격에 작물을 넘긴다. 소비자 가격이 두 배 차이가 나건, 세 배 차이가 나건 알 길이 없다.

"우리는 이런 가격 차이를 농가 소득에 반영해줄 생각이에요. 최고의 사과를 만드는 집 사과는 최고 값에 팔고, 대충대충 농사짓는 과수원 사과는 그 값에 팔게 해주자는 얘기죠. 도시 사람들이 왜 농가까지 신경 써가며 과일을 사먹느냐고 물으실지 모르겠지만, 농민들은 남보다 훨씬 신경 써서 농사를 지어놓고도 그 대가를 인정받지 못해요. 이건 뭔가 불공평한 겁니다."

윙버스라는 인터넷 서비스가 있다. 포털 사이트 네이버NHN가 인수한 회사인데, 맛집 정보 사이트다. 사람들이 식당에 들어가 음식을 먹어본 뒤 별점을 매긴다. 간혹 가게 주인이 속여보려고 할 수도 있겠지만, 사용자가 늘어나면 이런 왜곡 시도는 별 의미가 없어지고, 별점이 꽤 믿을 만해진다. 서울 시내 대부분의 음식점은 이렇게 윙버스를 피해 가지 못한다. 미국에선 옐프Yelp라는 음식점 리뷰 사이트가 이런 신뢰를 얻었다. 옐프에서 좋은 별점을 받지 못하는 가게는 손님을 잃고, 별 다섯 개 만점 가운데 네 개 이상을 얻으면 식당 앞에 손님이 줄을 선다.

"헬로네이처가 농산물의 윙버스가 되는 거예요. 그냥 농산물 직거래만 하면 옛날 서비스와 비교해 다를 게 없죠. 중요한 건 신뢰입니다. 믿을 만한 농가를 찾아주는 시스템이 필요해요." 병열의 얘기였다.

경민은 최근 농산물 판매 경로를 정했다. 참거래농민장터와 헬로네이처다. 좋은 농산물 거래 사이트는 많다. 그는 아직 헬로네이처에 대해서 완전히 신뢰하지도 않는다고 했다. 서울대와 포항공대 등 좋은 학교를 나왔다는 걸 자랑하는 어린 친구들이 농사는 제대로 알지도 못한 채 사업을 벌이다 흐지부지될 수 있다는 우려에서다. 그래도 그는 이곳을 통해 자신의 감과 매실을 판다.

"제일 좋은 건 원하는 가격으로 제 작물을 팔 수 있다는 사실이죠. 국내 농산물 시장에서 생산자가 직접 가격을 매길 수 있는 시장이란 건 거의 없어요."

경민의 감은 헬로네이처에서 '한경민 님의 단감'으로 팔린다. 헬로네이처의 모든 농산물이 마찬가지다. '변덕준 님의 유기농 방울토마토', '이귀남 아주머니의 17잡곡' 등 생산자의 이름이 모든 상품에 붙는다. 그리고 헬로네이처는 농민들의 이야기와 사연을 블로그에 적는다. 농장의 사진을 찍고 농민의 스토리를 글로 쓴다.

갈 길은 멀다. 아직 스스로 '헬로 총각'이라고 부르는 헬로네이처의 직원들은 농사를 제대로 이해하지 못하고 있다. 좋은 품질의 농산물은 무농약 인증의 유무로 결정되는 게 아니라 작물의 크기와 빛깔, 생산 과정과 그해의 환경, 재배 지역의 토질과 수질 등이 종합적으로 고려해야 하는데도 헬로네이처는 아직 그런 수준의 품질 검증까지는 못하고 있다. 하지만 그동안 완전히 무시됐던 작은 생산자들의 이름은 이곳에서 브랜드가 됐다. 그리고 소비자는 생산자의 스토리를 듣고서 제품을 산다.

이런 스토리는 곧 신뢰로 이어진다. 그리고 농민들은 노력에 대해 조금이라도 더 값을 받게 된다. 사실 거래라는 행위에서 가장 중요한 건 한결같은 믿음이었다.

'중고나라'라는 인터넷 카페가 있다. 네이버의 이 카페는 단순한 카페가 아니다. 회원 수가 900만 명이 넘는다. 사실 설명하는 것도 무의미할 정도다. 간단히 말해 중고나라는 한국에서 제일 큰 벼룩시장이다. 이 카페가 생긴 건 2003년 12월 10일. 채 9년도 되지 않았지만 그새 중고나라는 엄청나게 성장했다.

그런데 중고나라가 워낙 크다 보니 경쟁할 만한 서비스가 쉽게 생겨나질 못했다. 중고나라의 경쟁력이 월등해서다. 중고나라의 핵심 경쟁력은 역시 가격이다. 해외에선 이베이 같은 서비스가 중고 거래 역할을 맡고 있다. 하지만 국내에선 달랐다. 이베이에서 중고 물품을 거래하면 사람들은 이베이에 판매 가격의 일부를 수수료로 줘야 한다. 비슷한 사업 방식을 만들어 국내에 정착시켰던 옥션이란 회사조차 이베이에 인수됐지만 이베이는 중고 시장에는 진출하지 못했다. 무료로 사용자끼리 중고 물품을 사고 팔 수 있는 중고나라가 이베이의 역할을 대신했기 때문이다.

중고나라는 사용자 사이의 거래에서 수수료를 받지 않는다. 중고나라가 직접 돈을 받는 일이 없기 때문이다. 물론 사용자 사이의 돈을 대신 받아 보관하다가 판매자의 제품이 소비자에게 안전히 전달된 뒤에야 돈을 건네주는 '에스크로'라는 서비스 제도는 사용한다. 이 제도를 이용할 때면 사용자는 중고나라에서도 일정 금액의 수수료를 내야 한다. 하지만 많은 사람이 이런 방식을 사용하지 않고 그냥 직접 만나거나 '믿고' 택배를 주고받고 돈을 송금한다. 이베이조차 한국에서 자리 잡은 중고나라 식의 묘한 중고 거래를 따라잡지 못했다.

중고나라에 약간이나마 영향을 준 건 스마트폰 보급이었다. 중고나라가 아닌 다른 사례가 생겨나기 시작했다. 2010년 10월 번개장터라는 스마트폰 앱이 나왔다. 만든 회사는 퀵켓. 친구 네 명이 모여 퇴직금을 털어서 창업했다. 하루에 일어나는 거래는 1만 2000건, 월 기준으로 보면 36만 건의 거래가 벌어지는 셈이다.

번개장터에서 이뤄지는 대부분의 거래는 중고장터와 다르지 않다. 수수료 없이 직접 만나서 중고 물건을 주고받거나, 아니면 그냥 제품을 보내고 돈을 보낸다. 누가 뭘 먼저 보낼지 따지지 않고 서로를 믿는다. 중고장터에서 신뢰를 만든 건 네이버 아이디ID 였다. 네이버는 여러 가지 인터넷 서비스를 운영한다. 같은 아이디로 블로그를 만들고, 미투데이라는 소셜네트워크 서비스를 통해 수많은 친구와 이야기를 주고받으며, 여러 곳에서 사용하는 이메일 주소까지 갖고 있다면 중고장터에서 이런 사람이 파는 물건은 믿을 만했다. 사기를 목적으로 거래를 시작한 건 아니라고 생각되기 때문이었다. 한 번도 거래가 없었다거나, 블로그나 미투데이, 이메일 사용 내역이 없는 사용자는 중고장터에서 신뢰를 얻지 못했다. 신뢰가 무너진 사람은 거래를 하기도 힘들었다. 반대로 한 번 물건을 팔고 나서 좋은 반응을 얻어본 사람들은 자신의 아이디를 신뢰의 근거로 활용했다. 이들은 여러 번 물건을 팔아도 잘 팔 수 있었다.

번개장터도 마찬가지다. 이 서비스에는 '커뮤니티'라는 기능이 있다. 번개장터 서비스는 주로 스마트폰에서 이뤄진다. 제품 거래도 마찬가지다. 물건을 사고파는 사람들은 스마트폰으로 짤막한 사연과 함께 자신의 위치를 올린다. 예를 들어 떡볶이를 잘 만드는 사람이 자신의 집 근처의 사람들에게 떡볶이를 만들어 팔다가 아예 떡볶이 판매를 사업으로 시작한 이야기, 미국에 사는 아들과 떨어져 지내는데 항공권이 비싸 쉽게 아들을 보러 가지 못하던 어머니가 주위 사람들에게 입던 옷과 안 쓰는 물건들을 팔아 비행기표를 마련한 이야기, 남자 친구를 감동시키기 위해 직접 만든 초콜릿을 번개장터 회원들이 극찬하자 아예 본격적으로 초콜릿을 만들어 팔기로 결심한 젊은 여성 이야기……. 다양한 이야기가 번개장터 커뮤니티에 올라오고 올라온 이야기는 근처 회원들에게 공유된다. 중고장터 회원들이 좋은 게시물로 이름을 얻으면 신뢰라는 사회적 자산을 커뮤니티 속에서 얻게 되고 이를 바탕으로 더 좋은 거래를 진행할 수 있듯 번개장터 회원들도 마찬가지다.

한 가지가 더 있다. 바로 위치다. 재미있는 사연은 어디에나 있게 마련이지만, 유독 번개장터에서 커뮤니티 기능이 잘 먹혔던 이유는 번개장터를 쓰는 사람들이 우리 주변에 사는 이웃이기 때문이었다. 번개장터는 시작이 스마트폰을 위한 서비스였다. 스마트폰의 특징은 사용자가 지금 현재 어디 있는지를 보여주는 것이고, 번개장터 사용자들은 이런 위치 정보를 적극적으로 이용했다. 결과적으로 번개장터 커뮤니티는 '우리 동네 사람들'이 올린 중고 제품, 그리고 이 제품들에 얽혀 있는 다양한 사연을 보여줬다.

공동 창업자 가운데 한 명이자 CEO인 장원귀는 "청담동에서 젊은 여성들이 매일 옷과 패션 소품들을 거래하면서 친구처럼 친해지는 모습도 봤다"고 말했다. 특정 지역의 특성, 동네 사람들 사이의 공통점 등이 서비스 곳곳에 드러난다.

중고나라를 성공시켰던 건 기존에는 대중들에게 쓰이지 않았던 인터넷이라는 새로운 기술이었다. 인터넷의 특징은 전국에 흩어져 살던 수많은 사람을 인터넷이라는 가상 공간으로 한데 모을 수 있다는 점이었다. 그래서 중고나라는 거대한 벼룩시장이 됐다. 중고나라는 중고 거래에 있어서 독특한 '규모의 경제'를 이뤄냈고, 이베이마저 이 규모의 경제를 굴복시키지 못했다.

반면 번개장터는 중고나라가 이뤄낸 규모의 경제를 다시 잘게 쪼갰다. '전국 최대의 중고시장'이라는 중고장터의 매력은 지금도 여전히 의미가 있고, 앞으로도 많은 사람에게 사랑받을 장점임에 틀림없다. 하지만 그 틈새를 노리는 건 이렇게 커다란 시장을 분화시키는 지역 특성을 가진 모바일 앱이었다.

중고나라에서는 개인이 사라지고 지역이 사라졌지만 번개장터에서는 다시 동네 사람이 등장했다. 전국 최대의 벼룩시장은 이제 다시 지역 벼룩시장과 공생하게 됐다. 그리고 한때 불편해서 중고나라로 옮겨갔던 사람들이 다시 지역 시장으로 돌아온다. 이젠 더 이상 지역 단위 시장이 예전처럼 불편하지 않기 때문이다. 스마트폰 덕분이다.

물론 아직은 사업 초기 단계라 갈 길은 멀다. 동네 사람들의 이야기는 사용자들의 귀를 잡아끄는 데에는 성공적이고 효과적이었다. 하지만 동네 중심으로 이뤄지는 거래는 아직 제한적이다. 번개장터가 충분한 규모를 이루지 못해서다. 또 대부분의 거래가 옷과 액세서리 등에 국한돼 있는 점도 한계다. 아직까지는 번개장터의 고객 대부분이 20~40대 여성들이다. 지역 상권이라고 말할 수 있는 지역일수록 이런 특징을 여실히 보인다. 젊은 여성들이 주로 활동하고 쇼핑하는 서울 강남구 압구정동과 청담동 일대가 번개장터의 가장 활성화된 지역 상권이다.

번개장터는 빠른 속도로 자리를 잡았다. 창업을 하는 환경이 예전과 비교할 수 없을 정도로 좋아졌기 때문이다. 이제 새로 사업을 시작하는 사람들은 처음부터 끝까지 스스로 모든 걸 할 필요가 없다. 예를 들어 번개장터의 경우 회원들 사이의 '대화' 기능은 카카오톡에 맡겼다. 이는 번개장터에서 회원끼리 물건을 사고팔게 하는 데 가장 중요한 기능이다. 언제 어디서 만나서 물건을 주고받을지, 또는 어디로 물건을 보내고 입금을 받을지를 결정하는 도구였기 때문이다. 번개장터는 이런 시스템을 만드는 대신 판매자와 소비자 사이의 대화 중개를 카톡 아이디를 서로 공유하는 방식으로 해결하도록 했다. 둘 사이에 어떤 대화가 오가는지를 중개해야 할 부담을 덜 수 있어서 번개장터는 기술 투자 비용을 크게 줄일 수 있었다.

하지만 더 중요한 게 있었다. 신뢰였다. 카카오톡 ID는 전화번호 기반으로 만들어지기 때문에 카카오톡 ID를 주고받는 건 곧 전화번호를 교환하는 것만큼의 신뢰를 준다. 또 카카오톡은 스마트폰 보급과 함께 사실상 거의 모든 스마트폰 사용자가 사용하게 됐다. 카카오톡 ID가 전화번호보다 더 믿을 만한 정체성을 증명하게 된 것이다.

신뢰를 높일 수 있던 또 하나의 방법은 이런 식의 대화가 '팔로워'와의 관계를 돈독히 하는 데 큰 도움을 준다는 점이다. 번개장터에서 물건을 판매하는 상인들은 마치 트위터 같은 소셜 미디어의 '팔로워'처럼 자신이 올리는 상품을 받아보는 번개장터 회원들을 팔로워로 유치한다. 팔로워수가 많다는 건 좋은 상품을 많이 올린다는 뜻이지만, 이와 함께 팔로워를 계속 유지하거나 늘려갈 수 있다는 건 판매자가 팔로워와 대화를 지속적으로 친절하게 나눈다는 뜻이기도 하다. 팔로워와의 관계가 곧 번개장터에 대해서 느끼는 정서적인 밀착이 되는 것이다.

'엔트로피'와 '노동의 종말' 등 시대의 변화를 잘 보여주는 저서들로 유명한 석학 제레미 리프킨도 최근 출간한 저서 『3차 산업혁명』을 통해 새로운 시대의 경제와 이 경제를 이용해 성공한 기업들을 사례로 들었다. 물론 그가 강조한 것 역시 이런 식의 신뢰를 바탕으로 한 기업들의 성공 모델이었다. 그는 내가 앞서 예로 들었던 수공예품 거래 사이트인 엣시를 번개장터와 비슷한 형태의 신뢰 모델로 일컫는다. 엣시가 시장에 도입한 건 작은 상인들이 자신들의 작은 상품을 세계에 판매하는 플랫폼이지만 이보다 더 중요한 건 "판매자와 구매자가 서로 소통하고 의견을 교환하며 평생 지속될 수도 있는 유대 관계를 맺을 수 있도록 조처한 것"이란 얘기다.[16] 그는 엣시가 채팅 서비스와 온라인 공예 전시회, 엣시랩Etsy Lab.이라고 불리는 오프라인 커뮤니티 등을 만들어 운영하고 있는 모습을 높게 평가했다.

달라진 여행의 경험,
마이리얼트립과 한인텔

그녀는 여행 얘기를 들려주면서 "하얏트 같은" 호텔에 묵었다는 말을 했다. 나는 그 친구의 그 말을 그냥 지나칠 수 없었다.

"하얏트 같은 호텔이라니? 도대체 그게 무슨 말이야?"

그녀는 머쓱한 표정으로 이렇게 말했다.

"잘 모르겠어. 그냥 하얏트처럼 생긴 호텔이었다니까."

나는 더는 따지지 않았다. 친구가 무슨 말을 하려는지 알아차렸기 때문이었다. 이 친구의 표현대로, 오늘날의 소비자는 '하얏트 같은' 호텔에 투숙하면서, '혼다처럼 생긴' 차를 몬다. 여러분과 나는 모두 이러저러한 브랜드 '같은' 제품을 소비하고 있다. 가족이나 친구들과 일상적인 대화를 나눌 때, 우리는 정확하게 브랜드의 이름을 집어내지 못한다. 기업의 마케터들은 그들의 브랜드가 분명히 차별화되어 있다고 열변을 토한다. 하지만 소비자들은 이를 인식하지 못한다.[17]

하버드 경영대학원의 문영미 교수는 기업들이 '차별화'라는 말을 입에 달고 살지만 실제로는 별반 다르지 못한 그들만의 차별화에 갇혀 있다고 꼬집는다. 소비자들은 기업들이 진행하는 차별화를 전혀 이해하지 못한다는 것이다. '하얏트 같은' 호텔에서 묵고 '혼다처럼 생긴' 차를 모는 소비자들은 실제로는 힐튼 호텔에서 자고 도요타를 몰았는지도 모른다. 기업으로서는 분통이 터질 노릇이다.

실제로 현실에서 이런 경우는 수없이 생겨난다. 모든 것들이 비슷해졌다. 기술 발전과 커뮤니케이션 비용의 감소는 다양한 문화 사이의 교류를 늘려 우리 삶을 풍요롭게 해주기보다는 오히려 문화적인 헤게모니를 쥔 쪽의 문화를 그렇지 못한 지역에 이식하는 통로로 쓰였다. 미국 문화가 세계를 뒤덮고 있는 상황이 대표적이다.

심지어 여행을 가도 그렇다. 해외 출장이 잦은 비즈니스맨일수록 똑같은 증상을 호소한다. 공항과 택시, 호텔만 쳇바퀴처럼 도는 일정 탓에 도무지 어느 나라를 방문했던 것인지 파악하기 힘들다는 얘기다. 일정이 바쁠수록, 그래서 호텔 밖을 나설 시간을 내기 힘들수록 이런 증세는 더 심해진다.

마이리얼트립은 이런 문제를 해결해보려는 아이디어였다.

서울 안암동 고려대 캠퍼스 뒤쪽에는 이 학교 학생들의 기숙사인 안암학사라는 건물이 있다. 고려대는 학생들의 창업을 적극적으로 지원하겠다며 이 건물의 빈 공간을 '창업보육센터'로 활용하기로 했다. 하지만 안암학사 창업보육센터에는 밖으로 뚫린 창문도 없고, 프라이버시를 보장해주는 벽과 칸막이도 없다. 환기는 되지 않지만 벽은 유리벽이어서 복도를 지나는 모든 이는 창업을 꿈꾸고 책상 위에 컴퓨터를 올려놓은 세 사람의 표정을 언제라도 들여다볼 수 있었다. 그래도 좋았다. 여럿이 함께 모여 회의도 할 수 있고, 문이 잠기기 때문에 짐기도 놓을 수 있었다. 무엇보다 노트북 컴퓨터의 전원을 공급받을 수 있었다. 이 정도면 최고의 사무실이라고 생각했다.

일본과 중국에서 수많은 관광객이 쏟아져 들어오고 있었다. 그리고 이들 대부분은 택시를 타는 것조차 두려워했다. 한국 관광은 바가지 관광으로 악명을 떨쳤고, 한국에 대한 관광객들의 인상은 점점 더 나빠졌다. 국가에서는 관광 자원을 개발하기 위해 여러 제도를 정비하면서 여행하기 매력적인 나라를 위한 제도를 만들어가는데도 누군가는 이런 상황을 부당하게 이용하고 있었다. 이동건은 이게 기회라고 생각했다. 독특한 여행 경험을 팔아보자는 생각이었다.

뜻은 간단하면서도 명확했다. 지금까지 한국의 여행사는 대부분 국내 여행으로 기반을 쌓은 뒤 해외여행을 떠나려는 한국 관광객을 모아 해외로 보내는 방식으로 기업을 성장시켰다. 이들은 해외 업체와 현지 가이드를 채용한 뒤 국내 관광객을 이들에게 넘겨줬다. 그리고 이들로부터 수수료 명목으로 돈을 받았다. 그게 관광업체의 매출이었다. 국내 업체는 '공항 이후'를 책임질 필요가 없으니 소비자가 해외에서 어떤 경험을 하는지에 대해 별 관심이 없었고, 해외 현지 업체는 소비자가 '한국에 돌아간 이후'를 걱정할 필요가 없으니, 현지 여행 도중에 물건을 잔뜩 사도록 만드는 게 가장 큰 목표였다.

동건은 '진짜 여행'이 필요하다고 생각했다. 회사 이름도 그렇게 정했다. '마이리얼트립My Real Trip', 나의 진짜 여행이라는 말이다. 그는 거꾸로 생각했다. 해외로 나가는 한국 여행객 대신 한국에 들어오는 해외 여행객을 대상으로 삼기로 했다.

그러다 보니 문제가 있었다. 우선 자격증부터 고민이었다. 정식 여행사들은 자격증을 갖춘 가이드를 고용한다. 물론 현실에서는 무자격 가이드도 판을 치고 사기꾼들도 줄을 서서 외국인 관광객에게 달려들지만, 진짜 여행을 하려면 진짜 가이드가 필요했다.

해결할 수 있는 방법은 없었다. 마이리얼트립에서 가이드 역할을 자처하는 사람들에게 여행 가이드 자격시험을 보라고 할 수는 없는 노릇이니까. 그래서 대신 여행 상품이 아닌 경험을 주선하는 회사로 회사 성격을 바꿔보기로 했다. 집밥이 음식을 팔면서도 이벤트 대행업체로 스스로를 정의하는 것과 비슷한 생각이었다.

그러자 재미있는 계획들이 속속 떠올랐다. 외국 관광객에게 북촌이란 곳이 서울에서 어떤 의미를 가진 지역인지 알려준다면 어떨까. 그 유명하다는 동대문 야시장 관광은? 많은 외국인이 동대문의 밤 분위기는 기대하지만, 막상 맘 편히 이곳에 접근하지는 못했다. 한국인 가정에서 한국인이 먹는 가정식 요리를 먹어보고 싶은 사람도 있을 텐데 그런 경험도 좋았다. 홍대 앞은 정말 코스모폴리탄적인 서울 문화의 진수라던데, 거길 안내해주는 관광 상품은 어떨까.

동건이 직접 이런 모든 여행 가이드를 자처할 필요는 없었다. 적은 돈을 받고 아주 소수의 외국인 그룹에게 자신의 경험을 나눠줄 수 있는 가이드를 모으면 해결될 사업이었다.

마이리얼트립에는 모델이 되는 업체가 있었다. 미국의 '바이어블 Vayable'이란 회사였다. 독특한 여행을 도와주는 게 바이어블의 목표다. 지역 주민이 자신의 고장을 찾는 관광객에게 독특한 문화, 잘 알려지지 않은 명소 등을 소개한다면 그건 기존의 여행사가 운영하는 천편일률적인 여행 상품보다 훨씬 재미있는 경험이 되지 않을까 하는 아이디어가 바이어블의 시작이었다.

바이어블은 그래서 여행사라는 중간 단계를 생략했다. 누구나 가이드가 될 수 있도록 돕고, 가이드가 직접 관광객을 모집할 수 있도록 도왔다. 바이어블 이전의 '전문적인 여행'이란 건 명소를 순식간에 돌면서 급하게 단체 사진을 찍은 뒤 별다를 게 없는 '특산품' 매장으로 달려가 똑같은 제품을 하나씩 손에 들고 '싸게 샀다'는 만족감만 안고 집에 돌아오는 재미없는 경험이란 뜻이었다. 하지만 바이어블에서는 이런 경험은 사라진다.

러셀 하우지는 미국 애틀랜타의 광고대행사 직원이었다. 하지만 2008년 금융 위기와 함께 직장에는 감원 바람이 불었고, 러셀도 회사를 그만둘 수밖에 없었다. 처음 회사를 나온 뒤에는 하던 일을 계속했다. 광고 관련 일거리를 프리랜서 형태로 따왔다. 그동안 업계에서 쌓아온 인맥이 도움이 됐다. 하지만 곧 마음을 바꿨다. 가슴이 뛰는 일을 해보기로 마음먹은 것이다.

러셀은 세계 각국을 여행하면서 거리에 그려진 수많은 그래피티(낙서 형태의 벽화)에 마음을 빼앗겼다. 특히 스텐실(종이나 나무 등에 구멍을 뚫어 그 사이로 물감을 칠하거나 스프레이로 분사해 만드는 일종의 등사 형태의 회화 기법)로 된 그래피티가 맘에 들었다. 단순히 '낙서'라고 치부하기엔 예술적 가치가 있어 보였기 때문이다. 러셀은 디지털카메라를 들고 미국 각 도시와 세계 각국을 여행하면서 닥치는 대로 스텐실 그래피티를 사진으로 담았다. 그러고는 『스텐실 네이션』이라는 책을 펴냈고, 같은 이름의 웹사이트도 만들었다. 지속적으로 새로운 스텐실 그래피티를 소개하기 위해서였다. 책의 인세와 웹사이트를 통한 스텐실 그래피티 작품 판매로 부족한 생활비는 바이어블로 벌기로 했다. '거리의 예술을 찾아서' 투어[18]가 나온 것이다. 참가자는 37달러만 내면 3시간 동안 걸어서, 또는 자전거를 타고 샌프란시스코 구석구석을 돌면서 그래피티를 감상하고 이를 그린 예술가들의 이야기를 들을 수 있다. 예전 같으면 관광 코스 근처에도 가지 못했을 뒷골목 낙서가 당당히 예술 작품의 반열에 오르게 된 것이다.

바이어블에서는 이처럼 말 주인이 직접 제공하는 '해변에서 말 타기' 여행이라거나, 실리콘밸리의 얼리어답터가 만들어놓은 '샌프란시스코에서만 팔 것 같은 전자기기 쇼핑하기' 같은 여행이 인기를 끈다. 소요되는 시간, 진행할 프로그램, 필요한 가격 등은 여행을 선택하기 전 모두 미리 제공된다. 가능한 시간을 골라 원하는 소비자가 직접 원하는 여행을 선택하면 그만이다. 이런 방식은 한국에선 마이리얼트립 같은 서비스에 의해 차용되기 시작했고, 유럽에서는 깃시Gidsy.com라는 서비스로 유행하고 있다.

낯선 이와 벌이는 낯선 경험은 믿을 수 없는 것이라고 생각할지 모른다. 하지만 바이어블과 깃시는 이미 서비스를 본 궤도에 올려놓았다. 낯선 사람을 집 안으로 들여놓는 에어비앤비의 성공은 더 말할 것도 없다. 집밥의 사례는 낯선 이와의 식사가 얼마나 즐거워질 수 있는지 잘 보여줬다. 인터넷과 소셜 미디어는 낯선 경험에 신뢰를 부여한다. 이 신뢰의 힘은 잘 짜여져 있는 기성품 여행을 거부하도록 유혹하기 시작했다.

나는 2009년 여름을 뉴욕에서 보냈다. 주중에는 회사를 다니고, 주말에는 학교를 나가면서 진행했던 경영학 석사 과정을 마무리하기 위해서였다. 마지막 한 달은 본교가 있는 뉴욕에 건너가 직접 수업을 들어야 했는데, 독립기념일 연휴를 비롯해서 사이사이 쉬는 날이 많았다. 게다가 뉴욕은 없는 게 없는 도시였다. 수업이 없는 주말이면 맨해튼에서 밤이 늦도록 뮤지컬을 보거나 친구들을 만났고, 세계 각국의 음식을 먹으러 다니곤 했다.

꿈같은 얘기처럼 들리지만 사실 그렇게 긍정적이지만은 않았다. 무엇보다 뉴욕의 물가는 살인적이었다. 특히 숙박비가 그랬다. 맨해튼에서는 벼룩이 뛰어다닐 것 같은 낡은 매트리스에서 자야 하는 바닥이 삐걱거리는 좁은 호텔도 하루 숙박비가 200달러가 넘었다. 20만 원이 넘는 돈을 주고 그런 방에서 자는 경험은 아주 불쾌했다.

그때 대안을 찾았던 게 한국인 민박이었다. 대학생 때 유럽 배낭여행을 다니던 시절 해외 교포들이 운영하는 값싼 민박집은 물가가 비싼 유럽 도시에서도 좋은 숙소로 인기를 끌었다. 뉴욕에는 없을까 싶어 인터넷을 뒤졌더니 꽤 많은 업체가 등장했다. 그다지 품질이 높다는 생각은 들지 않았지만 100달러 정도면 충분히 혼자 쓸 수 있는 방을 얻을 수 있었다. 여럿이 나눠 쓸 수 있는 기숙사 형태의 방은 심지어 50달러 수준에도 잡을 수 있었다. 문제는 예약과 품질이었다. 수많은 여행자의 리뷰가 있는 맨해튼 호텔과는 달리 한국인 민박은 리뷰의 질과 양이 그다지 믿을 만하지 못했다. 숙소가 사진과 영 달랐다는 불만도 종종 보였다. 워낙 숙소가 비싸고 부족한 지역이다 보니 숙소 주인에게 불만을 나타내도 그다지 문제가 개선되는 것 같지도 않았다.

그중에 눈길을 끄는 서비스가 있었다. '한인텔'이란 업체였다. 맨해튼 지역의 한국인 민박을 네트워크처럼 연결해 예약을 대행해주는 서비스였다. 예약이 실패하는 일이 없도록 일단 결제가 되고 나면 숙소를 보장해줬고, 숙소 품질에 대한 고객 불만이 있으면 숙소 주인을 대신해 한인텔이라는 회사에서 개선을 약속하고 피드백을 줬다. 몇 차례 이 업체를 통한 서비스를 이용하면서 독특하다는 생각을 했다. 웹사이트에서는 유럽에도 한국인 민박 네트워크를 확대하겠다는 계획이 보였다.

3년이 지났다. 한인텔 서비스를 운영하는 회사의 이름이 실은 에시즈글로벌이란 걸 알게 됐다. 이 회사 창업자인 오현석 씨가 한국에 일이 있어 방한한 덕분에 직접 만나 많은 얘기를 들을 수 있었다.

현석은 2007년 무작정 미국으로 건너갔다. 어학원에 어학연수를 신청해놓고 영어를 좀 배운 뒤 경영학 석사MBA 과정에 지원해야겠다는 생각이었다. 그러다 애초 계획이 틀어졌다고 했다. 헤이코리안이라는 재외 한인을 대상으로 하는 포털 사이트에서 일하게 됐기 때문이었다. 현석은 학부에서 컴퓨터공학을 전공하고 게임회사와 SI업체 등을 거치며 경력을 쌓았다고 했다. 기술에는 어느 정도 자신이 있었지만 엔지니어로 월급을 받으며 살기보다는 자기 사업이 하고 싶었다.

그래서 2009년 에시즈글로벌을 창업했다. MBA에 가려고 모아뒀던 돈 가운데 1만 달러를 떼어 자본금으로 썼다. 헤이코리안에서 일했던 경력을 갖고 맨해튼의 한국인 민박집을 발로 뛰어다니며 주인들을 설득했다. 그게 한인텔의 시작이었다. 그리고 3년이 지났다. 현석 스스로도 놀랐다.

"지난해 한국에서 한인텔로 해외여행을 다녀간 관광객이 2만 8000명이었어요. 여행업계에서는 규모를 주로 '송출객'이라는 해외로 내보낸 관광객 수로 계산하는데, 톱10에 우리가 9위로 들어갔죠. 1위가 하나투어인데, 20만 명을 내보냈어요. 우리가 꽤 커진 거죠."

현석은 최근 에어비앤비의 모델을 생각하고 있다. 다만 철저히 한국적인 모델로 계획 중이다. 집을 내놓는 호스트는 외국에 있는 재외교포, 집을 빌리는 게스트는 한국에서 외국 여행을 떠나는 한국인이 타깃이다. 당연히 사용되는 언어도 한국어이고, 현지에 도착한 뒤 호스트에게는 게스트에게 한국어로 된 여행 정보를 줄 것을 권한다. 호스트 입장에서도 편하다. 문화가 익숙하고 언어 소통에 아무런 지장이 없는 한국 여행객만을 받을 수 있다. 또 값싼 숙소를 찾는 해외 여행객의 대부분을 차지하는 대학생과 젊은 세대를 위한 마케팅도 효율적으로 진행할 수 있다. 사실 많은 한국인 민박업체가 최근 겪고 있는 문제가 인터넷과 스마트폰 등 한국에서 일상화된 IT 트렌드에 익숙하지 못하다는 점이었다.

현석은 대화 도중 여러 차례 반복해서 "인터넷으로 진행하는 모든 거래의 핵심은 신뢰"라고 말했다. 믿음이 없이는 온라인 거래는 바로 끝나버릴 수밖에 없다는 얘기였다. 그래서 이들은 호스트를 모집하면서 반드시 인터뷰를 거친다. 자체 검증 기준을 넘지 못하면 아예 받지 않는다. 그리고 호스트에게도 투숙객을 평가할 수 있는 시스템을 제공한다. 손님도 평가받는 시스템이다.

예를 들어 집주인은 집에 묵고 간 손님에 대해 엄지손가락으로 '좋아요'와 '싫어요'를 나타낼 수 있다. 이렇게 쌓인 평가는 피평가자였던 게스트는 볼 수 없다. 호스트도 게스트의 평가 내용을 개별적으로 들여다보는 건 불가능하다. 다만 나중에 집을 내놓을 때 호스트가 이 평가를 사용할 수 있다. 예를 들어 "좋아요가 3개 이상인 손님만 받겠다"는 조건을 걸면 좋아요의 숫자가 부족한 손님에게는 이런 조건을 건 호스트의 숙소는 아예 선택 목록에 뜨지 않게 된다.

한인텔이 생각하는 거래의 중요한 조건 가운데 하나는 손님 사이의 신뢰이기도 하다. 여럿이 함께 묵는 방이 많은 한국인 민박집에서는 손님 사이의 신뢰가 중요한데, 방을 고를 때 자신의 페이스북 프로필을 공개한 손님에게는 함께 묵을 사람들의 페이스북 프로필을 조회할 수 있는 권한을 준다는 것이다. 이렇게 되면 손님들은 함께 묵는 사람의 정보가 보고 싶어서 자연스레 자신의 페이스북 프로필을 공개하게 된다. 그리고 이렇게 자신의 프로필을 공개한 사람들은 자연스럽게 스스로의 행동에 주의를 기울이게 된다. 적어도 현석은 그렇게 믿고 있다고 했다.

"한국에서의 내가 누구인지 다른 사람들에게 밝힌 사람은 해외에 나와 있다고 함부로 행동하지 않아요. 그리고 이렇게 스스로를 공개하는 사람들은 다른 사람들에게 스스로 괜찮은 사람임을 입증하게 되죠. 사실 여행지 숙소의 가장 큰 골칫거리는 '다시 돌아오지 않을 텐데'라고 생각하면서 안하무인격으로 행동하는 여행객들이에요. 페이스북이 이런 행동을 통제해줄 수 있다고 생각합니다."

착한 마음을 가진 기업,
키플

혹시……〈토이 스토리〉3편을 보신 적 있으신가요?

남자 주인공인 앤디가 자라 대학생이 되어 자신이 소중히 아끼던 장난감들을 버리고 싶지 않았지만 그렇다고 해서 언제까지나 다락방에 처박아두고 싶지는 않았던 마음. 그리고 자신이 아끼던 장난감들이었기 때문에 아무에게나 혹은 아무 단체에나 주고 싶지 않았던 마음. 그래서 결국 헤어지기 싫었지만 어두운 다락에 갇혀 있으니 어디서든 사랑받고 쓸모 있게 쓰이라고 장난감을 여자아이에게 보내며 각 장난감의 스토리에 대해 읊어주며 사랑해주라는 말을 남기던 모습. 아이들을 위한 애니메이션이었지만 키플에서의 나눔에 마음이 담겨 있다면 이 영화에서의 앤디의 마음이 아닐까 싶었어요.

중고시장에서 사면 그냥 누군가에게서 산 중고옷 그래서 그냥 입히는 중고옷이겠지만 꾸러미를 나눔 받을 때 1만 2000원을 주고 사온 옷들 득템한 옷들로 끝나지 말고 나는 1만 2000원을 주고 이 옷들을 가져왔지만 이 옷들을 보내주신 분은 온 마음과 정성을 다해 추억이 가득한 이 옷들을 포장하고 보내기 싫지만 언제까지 어두운 장롱 안에 넣어놓기만 할 수는 없어서 누군가에게 가서 사랑받기를 바라는 간절한 마음으로 무료로 기증한 옷들임을 기억하기를…….

전남 광주의 젊은 주부였던 박주영 씨에겐 옷이 아이와의 추억이었다. 빨리 자라는 아이들에게 옷은 한철 입히면 끝인 소모품이다. 하지만 부모의 머릿 속에는 그 옷을 입은 아이의 모습이 계속 남아 있게 마련이다. 그리고 아마도 평생 가장 많이 사진을 찍는 기간일 아이가 어렸을 때의 순간에는 늘 아이의 옷도 함께한다.

그래서 남의 아이가 입던 옷을 물려받는 건 기분좋은 일이고, 고마운 일이다. 키플은 이런 아이 옷 교환을 도와주는 인터넷 서비스다. 하지만 무료로 옷을 나누는 건 고맙고 좋은 일이어도, 돈을 내고 남의 옷을 받을 땐 얘기가 달라지게 마련이다. 게다가 우리 아이 옷은 좋은 옷만 깨끗하게 입혔고, 잘 간직했다가 남에게 주고 있는데, 나는 값도 싸고 옷 보관 상태도 안 좋은 남의 아이 옷을 받게 된다면 손해를 본 느낌이 들 수밖에 없다.

키플Kiple도 이런 문제를 해결하기 위해 고민했다. 방법은 좋은 옷을 내놓는 사람이 계속해서 더 좋은 옷을 받아갈 수 있는 시스템을 만드는 것뿐이었다. 그렇다면 어떤 옷이 좋은 옷일까. 키플이 생각하는 좋은 옷은 옷을 받아간 사람이 좋아하는 옷이다. 대학생이 된 〈토이 스토리〉의 앤디가 어린 보니에게 소중하게 간직했던 장난감을 건네줄 때 보니는 멋진 카우보이 인형 우디와 은하계를 지키는 용사 버즈 라이트이어의 가치를 인정한다. 낭만적인 생각일지 모르지만, 이게 키플이 내놓은 해답이다.

물론 옷을 받아간 사람의 평가가 공정하지 못할 수도 있다. 낡은 옷에 지나치게 높은 평가를 내놓는다거나 잘 보관된 옷에 지나치게 낮은 평가를 한다면 문제가 생긴다. 키플은 이런 문제를 커뮤니티로 해결한다. 이 서비스를 이용하는 사람들을 일종의 이웃처럼 가까운 사이로 만들면 문제가 해결될 거라고 생각한 것이다.

사람들은 모르는 사람과의 관계에서는 작은 실수나 다소 관계 유지에 소홀함이 생긴다고 해도 죄책감을 별로 느끼지 않는다. 하지만 '아는 사람'과의 사이는 다르다. 정성을 다하게 마련이고, 잘 보이기 위해 애쓰게 된다. 키플은 이런 이유 때문에 옷을 받아간 사람에게는 꼭 자기 아이에게 새로 받은 옷을 입힌 뒤 사진을 찍어 올리도록 권한다. 강제는 아니지만 대부분의 회원이 이런 식으로 다른 아이로부터 물려받은 옷을 자신의 아이에게 입히고 사진을 찍는다.

놀라운 화학반응은 이 순간 일어난다. '내 아이가 입던 옷'을 입고 있는 낯선 아이는 생전 처음 보는 아이인데도 굉장히 친숙하게 느껴진다. 낯선 얼굴에 대한 애정까지 생긴다. 아이의 부모인 키플 회원들은 이런 경험을 온라인 게시판을 통해 공유하고 서로의 느낌을 공유한다.

물려받고 물려주는 옷은 언젠가 누군가의 집에서 멈추게 마련이다. 단순히 계속 교환해야 한다는 사실을 잊어버렸기 때문일 수도 있고, 우리 아이가 친척이나 친구 또래 집단의 막내여서이기도 하다. 그럴 때 멀쩡한 옷은 그저 버려지게 된다. 그저 버려지는 아이의 옷은 다 커버린 어른의 옷과는 또 다르다. 옷이 사라질 때 그 옷을 입던 시절의 추억도 함께 사라진다. 이런 기분을 공유하는 게 키플의 목표였다.

"우리는 기업이라는 게 돈을 버는 것보다는 의미 있는 일을 하기 위해 존재하는 거라고 생각해요."

키플의 창업자 이성영 대표는 조금 다른 방식으로 기업을 생각하려고 한다. 그가 키플을 시작한 건 인터넷의 편리함을 이용한 이런 방식의 교환이 일종의 사회운동이라고 생각했기 때문이었다. 애초에 대박을 내서 벼락부자의 반열에 오르는 것 같은 기대는 하지도 않았다.

그는 임신 6주에 키플을 알게 돼 아기의 배냇저고리를 신청한 회원의 얘기를 했다. 불행히도 배냇저고리가 배송되던 도중 이 회원이 갑자기 유산을 하게 됐다. 큰 불행이었다. 배냇저고리는 불행한 일이 있은 며칠 뒤 이 집에 도착했다. 부부는 함께 앉아 태어나지 못한 아이를 위한 배냇저고리를 지켜봤다. "잘 간직하며 새로운 생명을 기다리겠다고 후기를 올리셨어요." 성영이 말했다. 부모라면 다 이해할 수 있는 마음이다. 그리고 그런 마음이 키플을 움직였다.

미국 하버드대 법대의 로렌스 레식 교수는 저작권을 유연하게 해석해 많은 사람이 저작물을 자유롭게 활용할 수 있도록 돕기 위해 크리에이티브커먼즈Creative Commons, CC 라는 일종의 대안적인 저작권 제도를 만들었다. 그는 이 제도를 만들면서 '공유경제Sharing Economy'라는 새로운 개념에 대해서도 설명했다. 레식 교수는 세상의 수많은 재화가 더 많은 사람과 나누면 나눌수록 가치가 기하급수적으로 늘어난다고 주장했다. 특히 저작권으로 보호되는 무형재산인 저작물이 그렇다는 얘기였다.

그가 공유경제에 대해 얘기하면서 설명했던 '나눌수록 늘어나는 공유의 가치'란 복사하고 공유하고 다시 오려 붙여도 품질이 나빠지지 않는 디지털 콘텐츠에 국한됐다. 유튜브 동영상을 편집한다고 동영상이 망가지지 않고, MP3 음악 파일 또한 10명이 듣고, 100명이 듣고, 100만 명이 들어도 품질이 똑같이 유지되기 때문이다.

하지만 성영이 생각하고 있는 새로운 공유경제의 트렌드는 디지털 콘텐츠가 아닌 현실에 실재하고 있는 물리적 재화까지 대상으로 삼는다. 그리고 본질적으로는 성영의 믿음도 레식 교수의 설명과 다를 바 없었다. 어떤 경우든 가치 있는 일이라는 건 나눌수록 가치가 더 커지게 마련이었다. 성영은 이렇게 설명했다. "지구의 사람들 모두가 더 좋은 차, 더 좋은 옷을 더 많이 가지려고만 노력하면 세상이 얼마나 괴로워지겠어요. 이런 발전 방식은 결국 지구 환경에 부담을 줄 뿐이고, 지속 가능하지도 않죠. 그렇다고 사람들에게 덜 쓰고 덜 입고 덜 먹으라고 강요할 수는 없잖아요. 그러면 새로운 방식이 필요하고, 그게 바로 공유경제라고 생각해요."

공유경제의 대표적인 모델로 꼽히는 에어비앤비 같은 기업은 인터넷과 스마트폰을 이용해 현재 쓰지 않는 숙소를 필요한 사람에게 연결해준다. 이 과정에서 개인은 숙박업 사업자가 돼 돈을 번다. 공유경제 서비스는 세계적인 경기 침체와 맞물리면서 사람들 사이에서 급속히 인기를 모으기 시작했지만 이와 함께 환경운동에도 새로운 시사점을 줬다.

풍요를 포기하고 절제만 요구하던 과거의 환경운동은 사람들에게 거부감을 줬다. 과거의 환경 전도사들을 따라 살아가려면 현대인은 모두 구도의 길을 걷는 수도자라도 된 것처럼 고난의 길을 걸어야만 할 지경이었다.

하지만 공유경제의 전도사들은 고통스러운 회개와 구도의 과정 대신 과거와 비슷한 수준의 풍요를 환경에 훨씬 덜 부담을 주는 방식으로 누릴 수 있는 방법을 고민한다. 그게 더 많은 소유를 하기 위해 노력하는 게 아니라 더 쉽게 정해진 자원을 공유하도록 돕는 방식이다. 지속 가능한 성장과 부의 재분배라는 두 가지 중요한 측면에서 공유경제는 중요한 의미를 갖고 있다.

예를 들어 놀고 있는 유휴 생산력은 곳곳에 있다. 우리 모두의 집에 있는 세탁기는 어떨까. 부지런하다면 매일 세탁기를 돌리겠지만, 사실 세탁기 또한 하루의 23시간은 잠자고 있게 마련이다. 일주일에 한 번 몰아서 세탁기를 돌린다면 세탁기가 쉬는 시간은 훨씬 늘어난다.

브레인워시brain wash 는 이런 생각에서 출발한 세탁소다. 샌프란시스코 시내의 마켓스트리트 남쪽 폴섬가에 자리 잡은 브레인워시는 겉에도 '세탁소Laundromat '라고 써 있고, 안에 세탁기도 있다. 하지만 다른 세탁소와는 많이 차이가 난다. 분위기부터 다르다. 브레인워시는 카페다. 세탁물을 맡기고 건조될 때까지 걸리는 1, 2시간 남짓한 시간 동안 사람들은 이곳에서 커피를 마시고 책을 읽는다. 누군가는 컴퓨터를 꺼내 일을 한다. 저녁에는 샌프란시스코 지역 밴드의 공연이 열린다.

1999년 창업 당시만 해도 과연 이런 식의 세탁소가 성공할 수 있는지 의심하는 사람들이 많았다. 하지만 이상하게 들릴지 몰라도, 이곳은 이제 어쩌면 세상에서 가장 예술적이고 문화적인 세탁소가 됐다. 동전을 넣고 멍하니 시간을 보내는 세탁소는 많이 있다. 하지만 바로 그 점 때문에 동전을 넣고 시간을 보내는 세탁소의 기계들은 대부분의 시간을 작동하지 않고 멈춘 채 보낸다. 그렇게 된다면 집에 있는 세탁기와 다를 바가 없다. 브레인워시의 장점은 간단했다. '찾고 싶은 세탁소'를 만든 것뿐이다.

브레인워시를 창업한 제프리 잘레스는 레이첼 보츠먼과의 인터뷰에서 "여기 오는 사람은 모두 가정용 세탁기를 살 여유가 있는 사람들이에요. 하지만 여기가 더 재미있으니까 여기 오는 겁니다!"라고 말했다.[19] 공유를 통한 자원의 효율적인 이용을 약간의 아이디어로 고쳐 내놓았다.

사무실에도 쉬는 자원이 늘 있게 마련이다. 바로 책상이다. 직원들은 공간 부족을 호소하지만, 책상은 언제나 남는다. 말이 안 되는 것 같지만 우리 주위에는 언제나 출산 휴가를 떠나는 동료가 있게 마련이고, 보름동안 장기 출장으로 자리를 비우는 동료도 존재한다. 휴가 가는 직원의 자리도 놀고 있고, 오늘 하루 외근하는 직원의 자리도 비어 있다. 그 책상을 다른 직원에게 주려면? 난리가 날 수밖에 없다. 자리는 일자리의 상징이다. 그래서 늘 책상은 비는데도 공간은 부족한 상황이 벌어진다.

하지만 일주일, 또는 단 하루 동안 일할 책상이 필요한 사람이 있다면? 루스큐브라는 회사는 세계 각지의 기업이 사무실의 빈자리나 작은 방을 공유할 수 있게 해주는 서비스다. 이 회사의 특징은 단순히 빈자리를 돈 받고 빌려주는 사업을 하는 게 아니라는 데 있다. 사실 남의 회사에서 더부살이를 하면서 효율을 높일 수 있는 사람은 세상에 별로 없기 때문이다. 그래서 루스큐브는 사무실을 빌려주면서 돈 대신 노동력을 요구한다.

예를 들어 갓 창업한 회사가 직원 수에 비해 조금 큰 사무실을 빌렸는데 웹사이트를 만들 기술자를 아직 채용하지 못했다면 프리랜서 웹디자이너에게 사무실 책상 한켠을 빌려주고 사무실을 쓰는 동안 웹사이트를 만들게 하는 것이다. 사무실 임대인은 단기 프로젝트에 정규 직원을 고용하지 않고 비용을 아낄 수 있어서 좋고, 임차인은 다양한 일을 원하는 시간 동안 할 수 있기 때문에 편리하다.

공유경제는 기본적으로 효율을 높이는 경제다. 쓰이지 않고 쉬고 있는 모든 것이 이 새로운 경제 구조의 핵심 자원이다. 그리고 이 새로운 시스템을 이해하고, 아직 쓰이지 않는 자원을 찾아낼 만큼 눈이 밝은 사람들이 가장 먼저 곡괭이를 들고 땅을 파기 시작한다. 이런 움직임이 보편화되고 충분한 규모로 확대되는 순간 우리는 훨씬 부담 없는 값으로 훨씬 많은 자원을 쓸 수 있게 될 것이다. 그리고 놀라운 건 우리의 소비는 늘어나고 있지만 지구적인 자원 낭비는 훨씬 줄어들 수밖에 없다는 사실이다.

그들은
기회를 창조했다

내가 카테리나 린디를 만난 건 2011년 가을이었다. 그녀의 집은 샌프란시스코 포트레로 힐의 언덕 꼭대기에 있었다. 삐걱거리는 나무 계단 아래에서 초인종을 누르자 그녀가 긴 팔을 휘두르며 약간 과장된 환영의 인사를 했다.

자리에 앉자마자 그녀에게서 명함을 여러 장 받았다. 하나는 '모푸즈Mo' Foods'의 창업자 겸 CEO. 다른 하나는 셰어키친Share Kitchen의 창업자 겸 CEO, 마지막 하나는 여행자 겸 디자이너의 명함이었다. 자유롭게 살고 싶어서 사업을 시작했고, 사업을 벌이다 보니 생긴 문제를 해결하기 위해 또 다른 사업을 벌였다.

애초에 카테리나는 초등학교 교사였다. 하지만 그녀는 학교가 싫었다. 미국도 정권이 바뀌면 교육 정책이 오락가락하는 건 한국과 다를 바 없었다. 카테리나는 이렇게 오락가락하는 정책 아래에서 '끌려다니는 인생'을 사는 게 인생을 낭비하는 것처럼 느껴졌다. 그래서 학교를 그만뒀다.

하지만 대학에서 심리학과 철학을 전공하고 영어와 이탈리아어, 스페인어, 프랑스어 등 4개 국어를 할 줄 아는 그녀조차 학교 울타리 밖에선 먹고살기가 막막했다. 인문학이란 늘 그렇듯 현대가 요구하는 기술과는 다소 거리가 있는 학문이었다. 결국 새 인생을 찾겠다고 학교를 그만둬놓고도 카테리나가 다시 손에 잡을 수 있었던 일은 대학교 교직원에 불과했다. 재미있을 리 없었다. 그래서 직업을 또 바꿔봤다. 이번엔 방과후 교사였다. 아무리 애를 써도 그녀에겐 도무지 다른 인생을 살 방법이 보이질 않았다. 그녀는 돌고 돌아 다시 초등학교 교사가 됐다.

챗바퀴 돌듯 달려도 달려도 달라지지 않던 인생이었다. 하지만 그녀가 나와 만나기 한 해 전인 2010년, 아버지의 장례식이 변화의 계기가 됐다. 그녀는 그날 "태어나서 처음으로 죽음에 대해 심각하게 고민했다"고 내게 말했다. 사실상 40년 이상을 철없이 살아왔던 셈이란 걸 그날 느꼈단 얘기였다. "사람은 언젠가 죽는 것이고, 나 또한 죽을 운명인데, 그렇게 어차피 모두 죽는 거라면, 한 번 사는 인생을 제대로 살아봐야 하는 게 아닐까?" 그녀는 되묻고 있었다. 그때가 카테리나의 나이 마흔두 살의 일이었다.

제일 먼저 그녀는 입학원서를 냈다. 스스로도 이제 알고 있었다. 철학과 심리학, 외국어 실력 정도로는 할 수 있는 일이 없다는 걸. 그녀가 사는 곳은 샌프란시스코였다. 세계에서 가장 유명한 '기업가의 도시' 말이다. 그녀도 이 도시에서 기업을 해보고 싶었다.

무엇부터 시작해야 할까. 고민 끝에 학교를 다녀보기로 생각한 건 어쩌면 당연한 일이었다. 기왕이면 좋은 학교여야겠지. 그래서 카테리나는 인근 스탠퍼드대와 버클리대의 경영학 석사MBA 과정을 지원했다. 물론 쉽게 받아들여질 거라고 생각하진 않았다.

하지만 보란 듯이 두 곳 모두 그녀에게 불합격 통보를 보냈다. 심리학 학사 출신의 전직 초등학교 교사를 받아들여주기엔 스탠퍼드와 버클리는 지나치게 경쟁률이 높은 대학이었다. 포기할 필요는 없다고 생각했다. 어차피 인생을 사는 자세가 문제였던 것이다.

카테리나는 '그렇다면 나 스스로 MBA를 하면 되지 않겠느냐'고 생각했다. 그래서 경영학과에서 공부한다는 커리큘럼을 살펴봤다. 재무와 전략, 마케팅…… 한 권씩 책을 읽어나가면 공부가 되지 않을까. 혼자서 하기는 힘드니 친구를 만들자.

결심 이후에는 실행만 남았다. 카테리나는 곧 독서 모임을 만들었다. 다시 한 번 강조하자면 샌프란시스코는 기업가의 도시다. 이런 지식이 필요한 사람은 이 도시에 카테리나만이 아니었다. 독서 모임에 곧 새로운 사람들이 참석하기 시작했다. 그리고 이렇게 한번 생겨난 모임은 꾸준히 지속됐다.

"어차피 창업을 하려고 MBA에 가려던 건데, MBA 과정을 듣는 동시에 창업도 할 생각이었어요."

그녀는 초기에 그렇게 생각했다. 그래서 MBA에 가는 계획이 틀어지자 스스로 자신만의 MBA 과정을 시작했다. MBA 과정과 동시에 하기로 결심했던 창업이었다. 자신만의 MBA를 시작한다고 해서 뒤로 미룰 이유도 없었다. 이미 맘은 먹었던 것이고, 눈앞의 문제는 해결 가능한 문제처럼 보였다.

　그녀에겐 우선 투자자가 필요했다. 벤처캐피탈은 멀리 있었다. 그런 네트워크는 스탠퍼드나 버클리에 진학한 사람들에게나 주어지는 특권이었다. 그래서 대신 주위 사람들에게 투자를 부탁했다. 500달러를 투자하는 친척부터 100달러를 투자하는 독서 모임 친구, 50달러를 투자하는 이웃까지 다양한 사람들이 '앤젤'이 되어 그녀 앞에 나타났다. 앤젤이란 사업을 막 시작하려는 작은 기업에게 기꺼이 투자를 하는 사람들을 말한다. 믿을 게 하나도 없는 기업에 창업가와 아이디어만 보고 돈을 지원하는 천사들 말이다.

　그녀는 이런 천사들의 도움으로 사업을 구체화시켜 나갔다. 우선 웹사이트가 필요했다. 이를 만들려면 기술이 있어야 했다. 다행히 기술은 예전과는 달리 어렵지 않았다. 인터넷에는 수많은 사이트 제작 기술 강좌가 올라와 있었고, 그녀는 당장 웹사이트를 만들기 위해 쉽게 배울 수 있는 워드프레스라는 도구를 택했다. 블로그 도구였다.

　그렇게 워드프레스를 이용해 웹사이트를 만들었다. 그리고 트위터와 페이스북에도 계정을 등록했다. 아마 이걸로 마케팅도 할 수 있겠지. 그렇게 생각하니 열심히 배우고 익히는 데 필요한 동기 부여도 절로 됐다. 그다음에는 검색 엔진 최적화Search Engine Optimizaation, SEO라는 처음 들어보는 기술과도 친숙해져야 했다. 말은 어려웠지만 실제로는 그다지 어렵지 않았다. 어떻게 하면 자신의 블로그가 구글에서 쉽게 검색될 수 있게 하는지에 대한 요령을 배우는 것이 전부였다. 잘하려면 매월 수백에서 수천 달러를 내고 전문가를 고용해야 한다고 했지만, 스스로 배워 무료로 이용하는 방법 정도로도 창업 단계의 수준에서는 충분했다.

사업의 어려운 과정마다 조언을 해주고 중요한 사람들을 연결해줄 네트워크는 이보다 훨씬 절실했다. 스탠퍼드와 버클리 생각이 다시 났다. 만약 그 대학 가운데 한 곳의 MBA에 입학했다면 자연스레 얻게 됐을 재산이었다. 하지만 이미 거절당한 뒤에 아쉬워해봐야 소용이 없었다. 그래서 카테리나는 대신 인터넷 커뮤니티 활동에 참여해 네트워크를 쌓기로 결심했다. 일종의 '창업 동아리'에 들어간 셈이었다.

이 과정에서 사람들을 알게 됐다. 월요일 오후 1시였다. 카테리나는 "이 사람들이 곧 집에 찾아올 거예요"라고 말했다. 10명 남짓한 멤버 가운데 늘 5, 6명 정도가 참여한다고 했다. 힘들면 안 오면 되고, 바쁜 일이 있으면 건너뛰면 된다. 하지만 서로가 서로를 필요로 하는 모임이라 참석률이 높았다. 물론 서로는 서로의 앤젤 투자자가 돼주기도 했다.

참여하는 멤버도 다양했다. 현재 다니는 직장에 만족하지 못하는 직장인은 카테리나의 어제와 닮은 모습의 사람이었다. 막 벤처 창업을 시작한 한 멤버는 카테리나가 곧 되고픈 모습이었다. 이들의 나이는 모두 비슷했다. 중심은 40대였다. 세상 모든 일이 그렇듯, 나이를 먹어서 뭔가 할 수 없는 사람은 젊은 시절에도 아무것도 할 수 없을 뿐이었다. 이 모든 일을 하는 데 카테리나가 투자한 시간은 겨우 1년 반이었다. 스탠퍼드와 버클리에서 입학을 거절당했지만, 그녀는 원했던 대부분의 일을 이뤄냈다.

1년 반 만에 그녀는 회사를 등록하고, 본격적으로 돈을 들여 건물을 임대한 뒤 직원도 고용하기 시작했다. 매출이 생긴 덕분이었다. 물론 매출이 늘어나면서 동시에 비용도 늘어났다. 서재에 앉아 나 홀로 창업을 했던 때보다 훨씬 더 많은 돈이었다. 실패할 가능성도 따라서 높아졌다. 하지만 카테리나는 낙관적이었다.

"실패해도 그 실패의 경험이 내게 버클리와 스탠퍼드를 다니는 학비보다 더 많은 걸 가르쳐주고 성장시켜 줄 테니 크게 걱정하지 않는다." 그게 그녀의 믿음이고 종교였다.

카테리나를 만난 건 릴레이라이즈 때문이었다. 릴레이라이즈는 자신의 차를 등록해놓으면 주위 이웃에게 필요한 시간에 차를 빌려주는 서비스다. 2011년 10월 초에는 세계 최대 자동차업체인 미국의 제너럴모터스가 이 회사와 손을 잡고 자동차 공유 서비스 시장에 뛰어들겠다고 밝히기도 했다. 카테리나는 릴레이라이즈를 통해 매월 250달러 정도를 벌어들인다고 했다. 에어비앤비가 집을 공유한다면 릴레이라이즈는 일종의 '승용차의 에어비앤비'인 셈이다.

릴레이라이즈는 2010년 문을 열었다. 창업 장소도 샌프란시스코와는 미국 대륙을 두고 반대편에 있는 보스턴이었다. 카테리나는 당시 창업을 준비하다가 기사를 통해 릴레이라이즈를 알게 됐다. 뭔가 '이거다' 하는 영감이 뒤통수를 쳤다. 이미 미국을 비롯해 세계 각국에서 여러 형태의 자동차 공유 서비스가 등장했던 때였다. '집카Zipcar' 같은 사업이 대표적이었지만 릴레이라이즈는 이런 업체들과는 달랐다. 집카는 렌터카 회사처럼 많은 차를 직접 사들여 사람들에게 이용권을 파는 모델인 반면, 릴레이라이즈는 회사가 차를 소유하는 대신 차를 가진 개인들을 작은 사업자로 바꿔놓는 방식으로 작동했다.

카테리나는 릴레이라이즈 본사로 이메일을 보냈다. "이봐요, 난 샌프란시스코에 사는 카테리나라고 해요. 혹 관심 있으면 샌프란시스코에서도 그 사업을 해보지 않을래요? 내 차를 1호로 등록할게요." 그녀는 메일을 보내면서도 답장을 받으리라고는 크게 기대하지 않았다. 하지만 릴레이라이즈의 창업자 셸비 클라크가 직접 답장을 보내왔다. "꼭 우리의 첫 샌프란시스코 파트너가 돼주세요"라는 내용이었다.

당연히 처음에는 카테리나의 푸른색 프리우스를 빌려 타겠다는 이용자가 한 명도 나오지 않았다. 캘리포니아로 출장을 온 릴레이라이즈 직원들이 가끔 카테리나의 차를 빌려 탈 뿐이었다. 하지만 릴레이라이즈도 샌프란시스코에 서비스를 알리기 위해 열심히 노력했고, 이들이 본사를 샌프란시스코로 옮기면서 구글의 벤처 투자 조직인 구글벤처스의 투자를 받게 되자 카테리나를 제외하고도 많은 사람이 이 프로그램에 참여하기 시작했다. 그녀는 "걸어서 10분 이내 내 집 주변에만 릴레이라이즈에 등록된 차량이 4대"라고 말했다. 많이 버는 사람은 릴레이라이즈를 통해서만 매월 약 600달러를 벌어들인다고 했다.

이 경험이 그녀에게 용기를 줬다. 비슷한 사업 형태가 공유경제라는 이름으로 서서히 성장하고 있었다. 그리고 새로운 트렌드에서 그녀보다 특별히 앞서 나가는 사람은 그다지 많지 않았다. 지금 그녀는 이 시기를 닷컴 붐이 일었던 1990년대 말과 비슷한 시기라고 생각한다. 모두가 출발선에서 막 달리기를 시작했던 그 순간 말이다. 그 이후 누군가는 구글이 됐고, 누군가는 야후가 됐다. 이런 생각으로 카테리나가 문을 연 회사가 바로 지금의 동업자와 함께 차린 작은 회사 '모푸즈'와 '셰어키친'이었다.

모푸즈는 음식을 공유하는 사업이다. 에어비앤비는 숙소, 릴레이라 이즈는 자동차를 공유한다면 모푸즈는 뒷마당에서 자란 과일이나 채소를 공유한다. 셰어키친은 이렇게 모푸즈에서 공유되는 음식을 판매하기 위해 필요한 부엌을 공유한다. 더 단순화해서 말하면, 뒷마당에서 그냥 썩혀 버렸을 과일을 가져다 잼이나 술을 담근 뒤 서로 교환하거나 판매하는 사업이다.

미국 캘리포니아 주에선 음식을 팔기 위해서는 몇 가지 허가를 받아야 한다. 특히 뒷마당에서 그냥 썩어갔을 사과나 배, 포도를 이용해 음식을 만들어 파는 건 더 까다롭다. 무엇보다 개인이 만든 음식을 판매할 장소를 찾기 쉽지 않다. 슈퍼마켓 등에서 집에서 만든 음식을 팔려면 해당 음식이 주 정부의 인증을 받은 부엌에서 제조됐음을 입증해야 한다. 그런데 이 인증 과정이 쉽지 않다. 부엌에 위생 설비를 갖춰야 하고, 정기적인 감독을 받아야 하기 때문이다. 집 안에 그런 부엌을 두는 사람이 있을 리 없다.

카테리나는 하나씩 문제를 해결해 나가기로 했다. 처음에는 시장을 찾았다. 린디 씨처럼 자신에게 남는 물건을 다른 사람들과 나누고자 하는 사람들이 존재했기 때문에 모푸즈의 음식은 동네의 지역 시장에서도 판매하는 게 어렵지 않았다. 하지만 허가받지 않은 음식물이라 얼마 지나지 않아 시장에서의 판매가 금지됐다. 인터넷으로 판매하는 것도 마찬가지로 불가능해졌다. 인터넷 판매 없이 요즘 사업이 될 리가 없었다.

카테리나는 이런 문제를 해결하기 위해 셰어키친을 만들었다. 개인이 운영하기엔 너무 값비싼 부엌 설비를 직접 만들어놓고는 모푸즈에서음식을 판매하려는 개인이 셰어키친을 나눠 쓰게 한 것이다. 모푸즈는 릴레이라이즈의 개인과 개인 간 거래를 본떴고, 셰어키친은 집카의 이용권판매 방식을 본떴다.

카테리나를 보면서 두 가지가 눈에 띄었다. 여성이고, 나이가 많다는 점이다.

실리콘밸리는 물론 세계 전역에서 창업하는 공유경제 모델의 기업에는 유달리 여성 창업자가 많다. 그리고 나이 든 창업자도 많다. 하버드기숙사에서 페이스북을 만든 20대의 이야기나, 스탠퍼드 기숙사에서 구글을 만든 20대의 이야기도 흥미롭지만 이들은 모두 젊은 남성이다. 반면업무 공간과 프로젝트에 필요한 노동력을 교환하고 공유하는 루스큐브Loosecubes의 창업자 캠벨 맥켈러, '페이스북을 이용한 안전한 크레이그리스트' 격인 헤이네이버Hey, Neighbor의 창업자 바바라 판투소 등은 모두 여성 창업자다. 이들은 때로는 엔지니어이기도 아니기도 했고, 전업주부에아이 엄마이기도 했으며, 직장에서 일하다가 회사를 그만둔 커리어우먼이기도 했다.

국내에서도 이런 모습이 눈에 띄었다. 키플의 이성영 대표가 그랬고, 한국판 에어비앤비 모델을 우연히도 비슷한 시기에 각자 시작했던 코자자의 조산구 대표나 비앤비히어로의 조민성 대표가 긴 직장 경력을 가

식용유와 잼과 피클. 모두 샌프란시스코의 주택가 뒷
마당에 떨어져 있는 과일들로 만든 식품들이다. 카테
리나는 지역 주민들에게 뒷마당 과일들로 이런 식품
을 만들어 내다 팔 수 있는 길을 만들어줬다.

진 채 창업자 치고는 늦은 나이에 사업을 시작한 사람들이다.

이런 창업자들은 소비자의 신뢰를 키우기 위한 고객 커뮤니케이션에 상대적으로 능숙하다. 또 기술 발전으로 대부분의 인터넷 기술이 일종의 부품 끼워 맞추기처럼 모듈화된 덕분에 뒤늦게 기술 관련 공부를 시작해도 어느 정도의 단계까지는 과거보다 훨씬 쉽게 이해도를 높일 수 있게됐다. 코자자가 한국과 미국에서 서비스를 시작하면서도 웹사이트 개발은인도 엔지니어에게 맡길 수 있었던 것은 이런 변화된 환경 덕분이다. 카테리나도 40대에 기술 관련 공부를 시작해 스스로 자신의 웹사이트를 만들어냈다.

4장

트러스트 Trust

명성이란
무엇인가

도시의 조명 아래에는 내 얼굴이 담긴 포스터가 붙어 있고, 내가 지금 보는 영화에는 내 모습이 등장하네. 사람들은 자신들이 원하는 모습대로 내 마음을 해석해 사진으로 뽑아내지. 이런 세상에서 가치 있는 것이라고는 포르노 영화 속의 소녀와 성형수술을 받은 몸매뿐. 좀 더 보여줘. TV 속의 이상한 자세로 서 있는 금발 미녀들을.

명성. 그래 그걸 위해 이러고 있는 거야. 부자처럼 살고 싶으니까. 유명해지고 싶으니까. 명성. 그걸 위해 이러고 있지. 샴페인 맛을 구별하고 싶고, 돈도 펑펑 써보고 싶으니까 말야.

— 레이디 가가, 〈페임Fame〉

21세기 초의 최고 가수로 기억될 가능성이 높은 레이디 가가는 자신에게 주어진 명성을 두려워했고 부담스러워했으며, 동시에 즐기고 활용했다. 자신에게 쏟아지는 관심을 이용해 사회적 문제에 대한 의견을 밝히면서 영향력을 발휘했고, 트위터와 페이스북, 구글플러스 같은 최신의 소셜 미디어를 활용해 명성을 증폭시켰다.

많은 사람이 이런 높은 명성을 부러워했다. 하지만 한편으로는 명성을 두려워한다. 그리고 소셜 미디어는 현대인에게 새로운 고민 거리를 안겨줬다. 명성은 이제 더는 제어되지 않는 무언가가 된 것이다. 한국에서 사회 문제가 됐던 각종 'XX녀' 사건이 대표적이다. 일반인이기 때문에 사회적인 관심을 받을 일이 없었던 사람들의 잘못이, 그것도 잘못은 잘못이었지만 지극히 사적이었던 잘못이 어느 순간부터 갑자기 공공의 영역에서 단죄받기 시작했다. 이제 명성은 공포의 대상이기도 하다. 악명은 순식간에 퍼지기 때문이다.

그리고 미디어는 이런 부작용에 대해 목소리를 높이기 시작했다. 인터넷이 사생활의 종말을 불러오고, 소셜 미디어가 개인의 삶을 파괴하고 있으며, 스마트폰 때문에 개인은 국가와 기업의 감시 아래에 놓인다는 무섭고 끔찍한 시나리오가 정설처럼 확산되고 있다.

과연 그럴까.

한때 다음이 인수했던 미국의 인터넷업체 라이코스 CEO였던 임정욱은 한국에서는 @estima7이란 계정을 사용하는 '파워 트위터리언'으로 유명하다. 트위터에서 인기 있는 사람이라는 뜻이다. 단순해 보이는 말이지만 그의 유명세는 생각 이상이다.

물론 일반인에게 임정욱은 다소 낯선 이름이다. 하지만 5만 6000여 명의 팔로워가 그의 트윗을 받아본다. 그가 번역한 『인사이드 애플*Inside Apple*』이라는 책은 한국에서 베스트셀러 목록에 올랐다. 번역자로는 드물계 가진 책 출간 기념 강연회에도 저자가 아니라는 핸디캡이 있는데도 자리가 부족할 만큼 참가자가 몰렸다. 물론 트위터를 통해 책 출간 소식과 강연 소식을 알렸기 때문이다. 그는 한국 IT 업계의 각종 컨퍼런스에 초청받는 중요 인물이 됐다. 그의 표현에 따르면 "3년 반에 걸쳐서 점진적으로 이뤄진 일"이다.

많은 사람들에게 유명해진다는 건 좋은 일인 동시에 고된 일이다. 민주주의 사회의 가장 큰 특징은 사회적인 영향력을 발휘하기 위해서는 다른 이들에게 자신을 알려야 한다는 점이다. 현대 민주국가의 교육 가운데 상당수가 말하기와 글쓰기에 집중돼 있는 것도 이런 이유에서고, 미디어의 영향력이 민주 사회일수록 큰 이유도 이런 이유에서다. 하지만 유명함은 곧 사생활이 덜 보호되는 환경에 처해진다는 뜻이기도 하다. 고단함이 시작되는 것이다.

정욱에게도 그랬다. 그는 스스로 유명해질 준비를 한 뒤 계획에 따라 유명해진 게 아니었다. 애초에 @estima7이라는 트위터 아이디를 쓰기 시작할 때만 해도 실명을 밝힌 적이 없었다. 그러다 어느 날 드림위즈라는 인터넷 업체의 이찬진 대표가 그의 아이디를 가리켜 '라이코스의 임정욱 대표'라고 지목했다. 찬진 또한 트위터에서 널리 알려진 유명인이었기 때문에 정욱의 실제 정체성도 순식간에 공개됐다. 보스턴에서 조용히 살던 사람이 단지 블로그와 트위터를 열심히 쓴 것만으로 유명인 반열에 오르고 나자 그는 "유명인이 됐다는 얘기를 들을 때마다 약간의 저항감이 있다"고도 말했다. 심지어 한국에서는 그에게 "당신은 공인이 됐다"고 말하는 사람들이 등장할 정도였다. 부담일 수밖에 없었다.

유명해진 뒤의 삶은 사는 공간에 따라 크게 달라졌다. 스스로의 삶의 태도에는 변함이 없었다. 다만 한국과 미국에서의 삶이 참 달랐다. 미국에선 사실 거의 변한 게 없었다. 미국인이 한국어로 트위터를 하는 사람의 삶에 관심을 가질 이유가 없기 때문이었다. 반면 한국을 방문할 때의 삶은 굉장히 바빠졌다. 갑자기 만나고 싶어 하는 사람들이 크게 늘어났고, 컨퍼런스 참가 요청과 잡지의 기고문 요청 등도 들어오기 시작했다. 만나는 사람의 범위도 크게 늘어났다.

물론 골치 아픈 일만 있었던 건 아니었다. 보상도 있었다. 돈과는 별 관계가 없었지만 정욱은 "좋은 사람들을 만날 기회가 생겼고, 업계의 높은 위치에 있는 분들을 만날 때에도 이야기가 수월해졌다"고 설명했다.

그의 얘기를 들어보면 일반인의 삶이 갑자기 공공의 영역에 들어서는 순간의 느낌은 그리 나쁜 것만은 아니다. 정욱에게 트위터는 좋은 보상이었다. 사람을 많이 만나야 하기 때문에 다소 피곤한 경우는 있었지만 좋은 사람을 만나는 기회는 이런 피곤함을 벌충하고도 남는 즐거움이었다. 게다가 유명하다는 건 스스로의 발언이 사회적인 영향력을 갖게 된다는 뜻이기도 했다. 그는 한국의 공공 정책이나 IT 산업 분야에 관한 스스로의 생각이 어느 정도 업계와 정부의 사람들에게 영향을 주고 있음을 발견할 때면 책임감과 뿌듯함을 함께 느낀다고 얘기했다.

물론 조심할 일도 늘었다. 미국에서는 공간적 차이 때문에 편하게 트윗을 올리지만 한국에서는 부담스러운 일 때문에 트윗을 자제하게 된다는 것이다.

"누구 유명한 사람 만났다고 트윗하면 또 온갖 억측도 오가잖아요. 그래서 솔직히 (트윗에 누구를 만났는지) 못 쓰겠더군요."

정욱은 가족과의 일이나 주변 사람과 나누는 시시콜콜한 얘기 같은 사생활에 대해서는 아주 주의를 기울인 뒤에만 공개하는 편이다. 과거 『조선일보』 기자였고, 인터넷 업계에서 다양한 일을 해왔던 터라 미디어와 인터넷의 속성을 잘 이해하기 때문이다.

하지만 때로는 개인적인 삶을 노골적으로 밝히는 사람들이 있다. 개인적으로 최근 인상적이었던 건 『중앙일보』의 이나리 논설위원이 4월 말 신문에 실었던 아주 개인적인 삶을 담은 칼럼이었다.[20] 어릴 적 어머니에게 매를 맞으면서, 그것도 구타에 가까운 폭행을 당하면서 자신은 아이에게 손찌검하지 않는 부모가 되기로 결심했다는 내용이었다. 그리고 충격적이게도 스스로 아이에게 자신이 당했던 대로의 폭력을 대물림하는 모습을 발견하게 됐다. 폭력을 지우려 의식적으로 노력하자 이번엔 더 가시 돋힌 언어의 폭력이 그녀의 아들에게 상처를 줬다. 고해성사와 같은 칼럼이었다.

누구도 자신의 가슴 아픈 가정사를 사회를 향해 공개하라 강제하지 않는다. 하지만 이런 내밀한 고백에 대한 세상의 반응은 뜨거웠다. 사람들은 논설위원의 고해성사에서 자신의 모습을 발견했다. 가장 개인적인 얘기는 가장 사회적인 얘기가 됐다.

그녀와 나는 일을 하는 과정에서 만나게 돼 개인적으로 서로 알게 된 선후배 사이다. 도대체 어떤 생각으로 그런 글을 썼는지 궁금해서 후배라는 관계를 이용해 물었다. 나리는 "'내 또래라면 이 정도 기억은 공유하고 있지 않을까' 하는 생각에 살짝 더 나간다는 심정으로 썼다"고 말했다. 물론 자신에게 폭력을 행사하던 그녀의 어머니는 돌아가신 뒤였다. 아들은 이미 그녀의 사과를 여러 차례 받았다고 했다. 일가친척은 대략 아는 일이라 아주 공개적으로 얘기한다고 해서 딱히 더 큰 문제가 될 일도 없다는 고려도 마쳤다고 했다.

오히려 놀라웠던 건 사람들의 반응이었다. 나리는 "남들이 (내가) 무슨 엄청난 고백을 한 것처럼 받아들여 오히려 당황스러웠다"고 했다.

매년 SBS가 주최하는 서울디지털포럼이란 행사가 있다. 2012년에는 뉴욕시립대 저널리즘 스쿨의 제프 자비스 교수가 연사 가운데 한 명으로 초청받았다.

화면과 사진으로 볼 땐 약간 냉소적으로 보였던 그는 실제로 보니 아주 사려 깊고 상대방을 배려해가면서 대화를 이어나가는 사람이었다. 마른 체형은 화면으로 봤을 때와 그리 달라 보이지 않았지만 실제로 보니 키는 짐작했던 것보다 훨씬 컸다. 그는 구글을 비롯한 수많은 기술 기업에 대해 연구해왔다. 최근에는 소셜 미디어로 인해 생겨나는 개인의 사생활과 공공 영역 사이의 긴장된 관계에 대한 책을 펴내 화제를 모았다. 『퍼블릭 파츠*Public Parts*』라는 책이었다. 이 책은 사람들이 자신의 사생활을 현명하게 공개하고 다른 사람들과 나누는 것이 얼마나 사회적으로 도움이 되는지를 설명한다.

『퍼블릭 파츠』를 읽으면서 궁금했던 건 그가 자랑스럽게 얘기하는 그의 전립선암 얘기였다. 제프는 2009년 건강검진에서 암 선고를 받았다. 전립선암이었다. 다행히 완치가 가능한 수준이었다. 운이 좋다고 말할 수 있는 상황이었다. 별 얘길 꺼낼 필요도 없었다. 많은 사람은 그런 상황에 처하면 그냥 몸이 좀 안 좋아서 잠시 활동을 중단했다가 다시 대학이든, 강연이든, 토론회든 복귀하곤 한다. 다른 병도 아니고 암과 싸우는 일이 만천하에 공개하고 싶은 일까지는 아니니까.

제프는 공개하는 길을 택했다. 블로그에 진단 내용을 건조하게 올렸고, 심정도 적어나갔다. 어떤 어려움을 겪고 있는지도 최대한 자세하게 밝혔다. 심지어 발기부전까지. 그는 이 문제를 다룬 블로그 글을 '페니스 이야기'라고 불렀다. 그 자체만으로 화제가 됐다.

책에서 제프는 다시 페니스 이야기를 불러냈다. 왜 스스로 가장 개인적인 이야기를 밝히고 있는지에 대해 설명하기 시작했다. 사람들이 알고 싶어 하지 않을 수도 있고, 어쩌면 이런 글을 쓰면서 알고 지내는 사람들과 다소 민망한 상황을 겪게 될 수도 있었다. 하지만 그는 거침이 없었다.

"공공성의 가치에 대해 얘기하고 싶었습니다. 더 정확히 말하자면 공개한다는 것, 공개된 존재가 된다는 것의 가치가 얼마나 중요한지를 알리고 싶었죠. 프라이버시는 물론 여전히 중요합니다. 우리 모두 사생활을 중요하게 얘기하잖아요. 보호돼야 하는 가치죠. 제게도 사생활이 있습니다. 하지만 문제는 사생활이 아니에요. 언론에서 인터넷 얘기를 할 때를 생각해보세요. 모두 사생활만 얘기합니다. 사생활, 사생활, 사생활. 마치 인터넷이 사생활을 사라지게 만들기라도 할 것처럼 얘기하죠. 그렇게 되면 공포가 넘쳐나게 마련이에요. 역사를 보죠. 신기술은 변화를 불러옵니다. 급격한 변화는 공포를 불러오고, 공포는 결국 신기술을 금지하거나 중단시키려는 노력으로 이어집니다. 역사에서 반복된 모습이죠. 그래서 지금 사생활을 얘기하는 겁니다. 사생활은 아주 중요한 것이지만 인터넷도 정말 대단한 도구입니다. 우리 호주머니에 구텐베르크가 만든 인쇄기를 들고 다니는 것과 마찬가지의 일이죠. 이런 가치를 알리려는 겁니다."

그에게 사생활이란 일반적으로 모호하게 쓰이는 사생활과는 조금 다른 개념이었다. 자신의 페니스에 대해 말하는 남자는 당연히 고민도 깊어지게 마련이니까. 그는 사생활이 '윤리ethics'라고 말했다. 무슨 윤리냐면 다른 사람에 대한 윤리다. 그러니까 사생활은 지켜줄 때 사생활인 것이지, 사방팔방에 떠들고 다니면 사생활이 아니다. 예를 들어 내가 어제 밤에 집에서 아내의 속옷을 몰래 입은 채 화장대 앞에서 핑크색 립스틱을 바르는 사진을 '셀카'로 찍어놨다고 해보자. 나라면 이런 일을 남에게 알리고 싶지는 않을 것이다. 하지만 사진은 내 휴대전화로 찍었을 테니 내 휴대전화 사진첩을 열어볼 수 있는 사람은 이 사실을 알게 될지도 모른다. 만약 내가 모처럼 고등학교 친구를 만나 술을 한잔 하다가 아이 사진을 보고 싶다는 친구에게 실수로 이 사진까지 보여주게 됐다고 가정해보자. 내 사생활은 그 직전까지만 해도 사생활이었는데, 이제는 이 친구와 둘이 함께 나누는 공공의 영역으로 넘어갈 위기에 처했다. 이 친구가 페이스북에

"김상훈이 아내 속옷을 입고 립스틱을 바르는 취미가 있더라"고 올리는 순간 사생활은 끝나고 만다.

제프가 얘기하는 사생활이란 그래서 타인에 대한 윤리다. 내가 지켜줘야 할 타인의 공간에 대한 윤리 말이다. 반면 공공성은 반대다. 남과 관련된 얘기 같지만 공공성이야말로 나의 문제다. 제프는 "내 전립선암과 발기부전 얘기는 누가 쓰라고 강요한 게 아니라 내가 좋은 뜻에서 공개한 것"이라고 강조했다. 그렇게 내밀한 얘기를 공개하면서 제프의 블로그 '버즈머신www.buzzmachine.com'에는 전립선암을 앓고 회복되었거나 투병하고 있는 사람들이 모여들었다. 그들은 각자 용기를 내 자신의 경험을 나누기 시작했고, 이런 의견 교환을 본 사람들은 혼자가 아니라는 위안과 병에 맞서는 데 유용한 실제 지식 등을 얻게 됐다.

"사생활을 공유하는 게 이익이 된다고 한다면 그건 좀 다른 문제죠. 여러 사람이 자신의 사생활을 기꺼이 공유한다면 거기선 패턴이 나올 것이고, 사회에서 사용할 수 있는 정보가 나올 겁니다. 병과 싸울 수 있는 지식도 늘고요. 아무도 이렇게 사생활을 공유하지 않는다면 발전도 더뎌질 겁니다. 강요할 수는 없지만, 아무것도 공유하지 않는 사람들로 가득 찬 사회는, 뭐랄까, 좀 이기적으로 보이지 않나요?"

신뢰가 곧 재산,
페이스북의 비밀

조지 스티븐슨은 자신의 이름을 글로 쓸 줄 몰랐다. 뉴
캐슬 광산에서 일하던 젊은이는 뒤늦게야 공부에 관심을 가지게 됐다. 그
가 자기 이름을 영어로 쓸 수 있게 된 건 열아홉 살이 되던 해였다. 하지만
펜 대신 망치를 들어야 했던 젊은이의 손에 책과 펜이 들리면서 세계사가
바뀌기 시작했다.

조지는 정비사였다. 오늘날 우리가 인공지능 컴퓨터라거나 거대한
데이터센터에 압도되는 것처럼 조지 또한 당시의 최고 기술에 압도당했
다. 바로 증기기관이었다. 엄청난 압력을 견뎌내는 쇳덩이의 물리 법칙과
기관의 힘을 유용한 운동에너지로 활용하는 방법 등은 조지에게 글을 읽
고 쓰고 싶다는 욕망을 불러일으켰다.

일단 글을 배운 뒤로는 행운의 여신이 그의 편에 섰다. 조지는 정비
사로서 뛰어났다. 손재주가 좋아 본능적으로 기계의 문제를 잡아내는 재
주가 있었다. 거기에 이론이 더해졌다. 유럽 대륙의 그 어떤 나라보다도 기
술 특허에 관심이 높았던 영국에서는 특허 문서의 수준도 유럽 최고였다.
산업혁명이 시작된 나라에 태어났다는 것 자체가 조지의 첫 번째 행운이

었다.

특허 문서 속의 지식을 날마다 정비하는 실제 기계와 비교해가면서 그는 지식에 대한 욕구를 해결해갔다. 뉴캐슬 광산에서는 이런 조지를 보물 취급했다. 이론과 실제를 모두 이해하는 조지의 존재는 그대로 광산의 생산성으로 이어졌기 때문이다. 광산의 정비사라는 직업이 그의 두 번째 행운이었다.

조지가 뉴캐슬 광산의 수많은 첨단 설비 가운데에서도 가장 매력적으로 생각했던 기계는 레일과 화차였다. 시끄러운 소리를 내며 나무를 실어나르고, 광물을 끌어올리는 증기 화차를 생각하면 오산이다. 뉴캐슬 광산에는 증기로 된 화차가 없었다. 화차는 광부들이 직접 끄는 수레였다. 울퉁불퉁한 광산 바닥에서 이 화차를 효율적으로 끌고 다니려면 철로 된 길이 필수였다. 조금이라도 힘을 적게 들이는 방법이 레일이었다.

조지는 이 레일 위의 화차에 증기기관의 힘을 더해보기로 결심했다. 무거운 광물을 끄는 데 사람 대신 기계를 사용해보자는 이 단순한 생각이 그를 움직였다. 조지는 탄광주들을 설득하기 시작했다. 사람 대신 기계에게 석탄과 광물을 나르도록 해보자고. 그러면 탄광주들은 더 빨리 부자가 될 거라고.

1814년, 조지는 '블뤼허'라는 최초의 상업적 기관차를 만들었다. 블뤼허는 약속대로 말보다 빨리 짐을 실어날랐다. 탄광주들은 부자가 될 생각에 기대에 부풀었다. 그리고 광부 가정 출신으로 독학하여 기관차를 발명해낸 조지는 일약 영국 전체의 유명인이 된다. 하지만 진짜 그의 시대는

1821년에야 시작됐다. 탄광 인근 대도시였던 달링턴부터 수송선이 있는 항구인 스톡턴 사이를 잇는 '스톡턴-달링턴 철도'가 건설된 것이다. 세 번째 행운이었다.

스톡턴과 달링턴을 연결하자는 얘기가 나왔을 때, 사람들이 떠올렸던 건 전통적인 방식인 운하였다. 하지만 운하를 파는 건 뭔가 구닥다리 같았다. 19세기 초의 활기차고 역동적인 시대에는 이 시대에 맞는 신기술이 필요했다. 그게 바로 조지의 기관차였다. 두 도시 사이의 거리는 약 20km로 조지는 자신에게 스톡턴-달링턴 철도 건설 과제가 주어진 뒤부터 완공까지 밤낮없이 걸어서 이 거리를 수백 차례 이상 왕복했다. 세계에서 가장 긴 철도를 만드는 일이었다.

그는 여러 가지 새로운 공법을 도입했다. 전통적인 레일처럼 쇳물을 틀에 붓는 대신, 마치 무기로 쓰는 검을 만들 때처럼 레일을 해머로 두드려가며 강도를 높였다. 약한 레일은 무거운 기차를 받칠 수 없기 때문이었다. 기관차에 강한 무게가 걸리는 언덕 구간에서는 레일 사이에 돌로 된 침목을 깔기도 했다.

그리고 1825년 6월 27일, 스톡턴-달링턴 철도의 개통 행사가 열렸다. 600명의 승객과 엄청난 무게의 짐을 실은 34량의 기차가 강력한 최신 기관차 '로코모션 넘버 원'에 이끌려 천천히 철도 위를 미끄러지기 시작했다. 20km의 거리는 속도를 높인 로코모션 넘버 원에게 '1시간 이내에 닿는 거리' 정도로 가까워졌다. 달링턴과 스톡턴 두 도시 사이의 지리적 거리는 변함이 없었지만 두 도시 사이의 관계는 이전과 완전히 달라졌다.

그리고 당시 개통 행사를 지켜본 두 도시의 주민들은 몰랐지만 그들 사이의 거리도 함께 변하기 시작했다.

마을을 벗어나지 못했던 사람들은 이제 도시를 옮겨다니며 살고 있다. 조지의 시대였던 19세기 초만 해도 인류는 '모르는 얼굴'을 만나면 낯설고 놀라워했다. 200년이 지난 지금, 도시를 살아가는 우리들은 '아는 얼굴'을 거리에서 만나면 놀라워한다. 낯설다는 건 익숙한 것이 됐고, 익숙하다는 건 낯선 것이 됐다. 기관차는 거리의 개념을 바꿔놓았고, 평판과 신뢰의 가치도 바꿔놓았다.

조지 스티븐슨 시절의 세계에서는 평판이 곧 재산이었다. 현대적인 은행이 존재하지 않던 시절, 가난을 면하기 위해서는 성실하다는 평판을 얻는 게 흉년이 든 겨울을 넘길 수 있는 재산이었다. 마을의 모든 사람은 돈을 잘 갚는 사람을 알고 있었고, 돈을 갚지 못하는 사람들은 결국 마을을 떠나 도망쳐야 했다. 떠돌이와 이방인은 오랜 역사 동안 가난의 다른 이름이었다.

현대사회에서도 평판은 중요하지만 과거와는 다르다. 평판은 분할돼 관리되기 시작했고, 각각 다른 영역에서 사용된다. 직업을 구하기 위한 업무 처리 능력에 대한 평판, 사업을 성공시키기 위한 브랜드, 아주 작은 영역으로 줄어들어버린 친구들 사이에서의 신뢰…… 하지만 무엇보다 중요한 건 신용이다. 신용평가회사라는 전문 기관들이 탄생하면서 수치화하기 시작한 신용이라는 개념은 이제 말 그대로 재산이 됐다. 신용도가 높으면 낮은 금리로 큰 돈을 빌려 부자가 될 가능성을 높일 수 있고, 신용도를 낮게 평가받으면 높은 금리로 돈을 빌려 어려움을 겪거나 아예 돈을 빌릴 가능성이 봉쇄돼 가난에 허덕이며 살 수밖에 없게 된다.

하지만 새로운 경제에서는 이런 평판의 역할이 다시 높아지기 시작했다. 소셜네트워크가 다시금 사람 사이의 신뢰를 확대시키고 있기 때문이다.

카우치 서핑이라는 서비스를 예로 들어보자. 이 서비스는 에어비앤비와 비슷한 일종의 숙박 알선 웹사이트다. 하지만 카우치 서핑은 에어비앤비와는 달리 숙소 이용료를 받지 않는다. 그 대신 이 서비스에서는 집주인이 '카우치 서퍼'라는 이름의 외국인 여행자에게 잠자리를 무료로 내준다. '소파 찾아다니기'를 뜻하는 카우치 서핑은 말 그대로 마루의 소파만 빌려주면 괜찮다는 사람들에게 내 집의 빈 공간을 빌려주는 서비스다.

사람들이 카우치 서퍼가 되는 이유는 다양하다. 돈이 없어서, 현지인과 얘기하고 싶어서, 독특한 체험을 하고 싶어서. 하지만 집주인이 되는 이유는 한 가지다. 좋은 경험을 하고 싶어서다. 그래서 집주인에게 좋은 경험을 얻을 수 있겠다는 확신을 주기 위해 카우치 서핑은 집주인이 손님을 까다롭게 고를 수 있도록 도와준다. 맘에 들지 않는 서퍼는 받지 않으면 된다.

따라서 카우치 서핑 서비스에서 가장 중요한 건 신뢰다. 평소 카우치 서핑 서비스 내에서 좋은 평판을 쌓는 것이야말로 좋은 집에서 묵을 수 있는 최고의 재산이 된다. 집주인은 서퍼가 집을 떠나고 난 뒤 서퍼를 평가하는데, 이렇게 받은 평가가 좋을 경우 다음 집주인도 기꺼이 문을 열고 손님을 받아준다.

그래서 처음 공짜 숙소를 얻기까지는 약간의 진입 장벽이 존재한다. 집주인이 낮은 신뢰에도 불구하고 모험을 걸어볼 만큼 서퍼가 스스로의 매력을 증명해야 하기 때문이다. 그래서 서비스를 처음 이용하는 사람은 몇 가지 독특한 질문을 받는다. 예를 들어 "존 레넌을 좋아하시나요"나 "앤디 워홀에 대해 어떻게 생각하세요" 같은 질문이다. 이는 마치 대학생들이 룸메이트를 고르는 방식과 비슷하다. 당연히 이런 거래에서는 평판이 곧 재산이다. 쿨하고 멋지다는 평판을 얻는다면 싼 값에 좋은 숙소를 얻는 것이니까.

하지만 처음 창업하는 서비스들이 하루아침에 이런 식의 신뢰를 쌓을 수 있는 건 아니다. 또 공유경제 모델은 최근 1, 2년 새 급속하게 생겨나고 있는 새로운 사업 모델이다. 대부분의 공유경제 비즈니스가 신뢰도를 보여줄 수 있는 시스템을 갖고 있지 못하고, 사용자 사이의 평판 조회가 이뤄지기엔 이용 이력이 지나치게 부족한 상태다. 이런 약점을 해결해준 것이 페이스북으로 대표되는 소셜 미디어다. 실리콘밸리에서 생겨난 대부분의 공유경제 모델은 '공개 인증Open Authentication'이란 방식을 쓴다. 이를 이용하면 페이스북 계정에 로그인하는 것만으로도 별도의 개인정보를 제공하지 않고 해당 서비스에 로그인할 수 있다. 페이스북이 이런 서비스에 가입하는 사람의 신원을 보증해주는 셈이다.

단지 페이스북 회원이라는 사실만 보증해주는 게 아니다. 이런 서비스들은 페이스북의 로그인 기능만 가져오는 게 아니라, 페이스북이 제공하는 여러 기능을 활용해 신규 가입자의 기존 친구 관계가 어떤지, 평소 어떤 활동을 해왔던 사람인지를 다른 가입자에게 보여줄 수 있도록 만든다. 페이스북이 쌓아놓은 사회적 관계망과 신뢰를 자신들의 서비스에 빌려오는 셈이다. 페이스북이 '소셜 그래프'라고 부르는 기능이다. 보건 스미스 페이스북 사업개발담당 부사장은 이에 대해 "페이스북은 단순히 소셜 웹에 그치는 게 아니고 이처럼 다른 서비스를 위한 '딥 소셜 플랫폼deep social platform'이 되려는 것"이라고 설명한다. 파트너의 성공을 위해 파트너의 서비스에 페이스북으로 쌓인 사회적인 관계까지 더해준다는 얘기다.

그는 "페이스북 규모의 회사 가운데 자신들의 사업 성공이 아닌 파트너의 사업이 잘 되도록 하기 위해서 우리만큼 모든 걸 거는 회사를 본 적이 있느냐"고 강조했다.

페이스북이 공유경제 비즈니스에 소셜을 더했고, 소셜은 신뢰를 가져왔다. 그리고 이 신뢰가 모든 것의 시작이 됐다. 에어비앤비의 홍보담당자인 에밀리 조프리온은 "페이스북이 없었다면 에어비앤비도 창업할 수 없었을 것"이라고 했다.

페이스북에 따르면 페이스북 가입자 8억 명 가운데 약 5억 명이 적어도 한 달에 한 번 이상 페이스북을 이용한 외부 서비스를 이용한다. 에어비앤비와 릴레이라이즈 같은 공유경제 서비스가 이런 대표적인 서비스다. 그리고 페이스북 가입자들은 평균 130명의 친구를 갖고 있다. 이 정보가 공유되기 때문에 공유경제 모델이 작동한다. 페이스북 플랫폼프로덕

트팀 매니저인 칼 소그린은 『패스트 컴퍼니』와의 인터뷰에서 "에어비앤비 같은 사업 모델에서는 좋은 사람이 되고자 하는 선한 의도야말로 가장 큰 인센티브를 얻는 길"이라며 "한 번 나쁜 평판을 남기면 인터넷의 특성상 앞으로 비슷한 다른 모든 서비스에서 믿을 수 없는 사람으로 검색될 것이기 때문"이라고 지적했다.

아직까지 '신뢰의 인프라'라는 측면에서 페이스북을 능가하는 서비스는 없다. 페이스북이 '유행이 지나면 쇠락할 것'이라는 수년 동안 계속된 비판적인 시선에도 불구하고 성장세를 멈추지 않은 채 계속해서 성공하는 이유도 여기 있다. 생각해보면 페이스북 스스로가 다른 공유경제 비즈니스들과 마찬가지로 가장 중요한 재산인 자신의 플랫폼을 원하는 모두와 공유해왔다. 그리고 그 서비스를 독점적으로 소유하겠다는 생각을 초기부터 버렸던 덕분에 큰 성공을 거뒀다. 그렇게 페이스북은 21세기의 신용평가회사, 아니, 그 이상이 됐다. 그것도 엄청나게 큰.

블랙컨슈머와
빨간 줄 긋기

그녀는 몰랐다. 집을 빌려주면 돈을 벌 수 있다는 얘기만 들었고, 많은 사람이 돈을 벌고 있다고 얘기해서 귀가 솔깃했을 뿐이었다. 2011년 7월 말이었다. 에어비앤비에서 EJ라는 ID를 쓰던 한 여성은 일주일 출장 동안 비어 있게 된 집을 남에게 빌려줄 생각이었다. 그래서 에어비앤비에 집을 내놨다. 순진한 생각이었지만 그래도 그녀는 별일 없으리라고 생각했다. 출장에서 돌아오니 생각과 다른 일이 벌어졌다. 집 안에 난리가 났다. 손님이라 생각했던 사람은 도둑으로 돌변했다. '손님'은 가구와 집기를 모두 부쉈고, 구석구석 집 안을 뒤져 숨겨둔 보석까지 꺼내갔다. 컴퓨터와 백업용 하드디스크까지 모두 들고 나간 탓에 EJ가 십수 년을 모아온 일기와 사진까지 함께 사라지고 말았다. 단순히 돈만 잃은 게 아니었다.

에어비앤비의 첫 번째 위기였다. 언론은 새로 태어나 관심을 모으고 있는 이 뜨거운 벤처기업의 실패담에 관심을 기울였다. 2008년 창사 이래 이런 큰 사고가 터진 게 처음인 것이 의아하다는 반응도 이어졌다. 물론 손님의 얼굴도 보지 않은 채 열쇠를 맡겼던 EJ의 부주의가 컸다. 남에게 살던 집을 빌려주면서 알지도 못하는 사람에게 통째로 집을 내주는 건 일반적인 경우가 아니다. 하지만 그녀는 손님에 대해 심각하게 고민하지 않았다.

EJ의 탓만 할 수는 없었다. 에어비앤비의 사업 모델은 '근본적으로 대부분의 사람은 선하고 믿을 만하다'는 전제에서 시작됐다. 그리고 'EJ 사건'은 이런 전제가 틀렸다는 사실을 증명하는 일이었다. 사람을 믿을 수 없다면 에어비앤비도 믿을 수 없게 마련. 서비스 자체의 신뢰도가 흔들릴 수밖에 없었다.

에어비앤비는 다급해졌다. 이날부터 당장 서비스의 신뢰도를 높이는 방법을 궁리했다. 방법은 하나였다. 손님의 신뢰도를 평가할 수 있고, 개인의 삶이 투명하게 드러날 수 있도록 드러내야 했다. 이는 마치 신용평가회사가 하는 일과 비슷한 것이었다. 신용평가회사는 카드사가 신규 고객을 모집하기 전 그 사람의 과거 금융 거래 내역을 바탕으로 신용도를 평가해 이 정보를 카드사에게 제공한다. 신용도가 높으면 카드 한도액이 올라가고, 낮으면 한도가 낮아지거나 카드 발급이 거절된다.

에어비앤비는 이제 사람들의 신뢰 등급을 평가해 보여줄 필요가 있었다. 8월 초, 창업자이자 CEO인 브라이언 체스키는 모두 40개에 이르는 '피해 예방 조치'를 내놨다. EJ 사건 직후 그가 직접 재발 방지를 약속한 뒤 보름 동안 만들어낸 새 기능들이었다. 샌프란시스코 본사의 직원 70여 명은 보름 동안 집에도 들어가지 않고 회사에서 먹고 자며 새 기능을 만들어냈다. 회사가 실수를 했으니 대책을 마련하는 건 놀라운 게 아니었다. 놀라운 건 이 조치에 덧붙여 이어진 에어비앤비 사용자들의 반응이었다.

이들은 회사가 마련한 게시판에 신뢰 회복을 위한 다양한 제안을 했다. 회사는 이를 최대한 받아들였다. 이 아이디어는 첫 번째의 40가지 예방 조치가 발표된 이후에도 계속 수집됐다. 아이디어 수집을 지속적으로 진행해 계속 신뢰를 높여가겠다는 것이었다. 사용자들은 직접 자신들이 낸 아이디어에 대해 투표를 벌였다.

이 가운데 가장 중요한 혁신안은 "손님을 거절할 수 있다"는 내용이었다. 지금까지 에어비앤비의 집주인은 투숙객을 거절하지 않았다. 물론 거절해도 상관없긴 했다. 자기 집이니까. 하지만 일단 손님을 한 번 거절하고 나면 해당 집주인의 집은 에어비앤비의 검색 우선순위에서 뒤로 밀리게 됐다. 검색 결과에서 눈에 띄어야 손님도 늘어나게 마련이라서 집주인은 가능하면 최대한 손님을 받아야 했다. EJ의 부주의가 비난받기는 했지만 애초에 EJ가 손님을 까다롭게 고를 수 없었던 시스템이었던 게 문제였다. 그래서 에어비앤비의 집주인들은 "내 집은 내 집"이라며 "원치 않는 손님을 받지 않아도 어떤 불이익도 없게 해달라"고 말했다. 회사는 손님을 아무리 거절해도 검색 순위에서 불이익을 받지 않도록 시스템을 고쳤다.

신용카드 회사가 카드 발급을 거절한다고 해서 카드사에 금융감독당국의 제재가 들어가진 않는다. 신용불량자에 대한, 또는 신용도가 낮은 사람에 대한 영업은 전적으로 카드사 스스로의 권한에 해당한다. 에어비앤비의 신뢰 시스템은 신용 시스템과는 비슷하면서도 다르다. 개인의 신용은 신용평가사가 판단하지만, 에어비앤비 고객에 대한 신뢰도는 집주인이 스스로 판단한다. 신용도는 점수로 환산되지만 신뢰도는 주관적인 느낌으로 부여된다.

현대사회에서 신용은 곧 재산이다. 하지만 신용도가 높다는 게 믿을 만한 사람, 즉 신뢰도가 높은 사람이라는 뜻은 아니다. 할리우드의 인기 배우였던 위노나 라이더는 상습 절도범으로도 악명이 높다. 백화점에서 수차례 절도 행각을 벌였는데, 그녀는 지갑에 돈이 있는 상태에서도 옷과 구두를 훔쳤다. 하지만 높은 수입을 자랑하는 할리우드 배우의 신용도는 결코 낮지 않았다. 위노나는 신용카드를 만들지 못해 곤란을 겪은 일이 없다. 오히려 절도가 발각돼 경비원에게 제지당한 당시를 묘사할 때 그녀의 변호사는 "위노나가 신용카드를 가게에 맡기면서 가져가는 모든 제품의 값을 맘대로 계산하라고 얘기했다"고 주장할 정도였다.

반면 상점 주인의 입장에서 위노나의 신뢰도는 매우 낮다. 절도 행각으로 유명한 할리우드 스타가 자기 가게의 진열장에서 한 켤레에 300만 원씩 하는 이탈리아제 수제 구두 앞을 서성인다면 불안해질 수밖에 없다. 이런 경우 개인의 신용도와 신뢰도는 전혀 다르게 움직인다. 신용평가회사는 위노나를 믿어도 가게 주인은 그녀를 믿을 수 없다. 신용과 신뢰는 비슷한 말 같지만 사실 다른 말이다.

에어비앤비 같은 새로운 트렌드는 신뢰를 신용과 비슷한 재산으로 만들기 시작했다. 우리가 에어비앤비를 통해 집을 내놓은 주인이 될 때를 가정해보면 이해하기 쉬울 것이다. 예를 들어 오늘 밤 손님을 받아야 한다. 두 명의 예비 손님이 있는데 방은 하나밖에 없다. 이 가운데 한 명만 받아야 한다. 남자 A는 에어비앤비를 오늘 난생처음으로 이용하는 열아홉 살에 키가 190cm, 몸무게가 120kg인 남자다. 대신 그는 신용카드 회사가 소득 수준 상위 0.1%의 고객에게만 발급한다는 플래티넘 카드로 결제를 하겠다고 자신을 소개했다. 그리고 남자 B가 있다. 생긴 건 조직폭력배처럼 생겼고, 나이는 마흔 살 전후에 팔뚝은 허벅지만큼 굵은 근육질이다. 담배도 태우지만 집 안에서는 절대로 피지 않겠다고 약속도 했다. 누구를 택하겠는가?

에어비앤비는 이 난감한 상황을 해결하기 위해 조건을 붙인다. 페이스북이다. A는 페이스북을 하지 않아서 계정이 없다. 에어비앤비 이용 경험도 없다. 반면 B는 페이스북을 한다. 페이스북 친구들도 많다. 에어비앤비도 이전에 세 차례 이용했고, 집주인들은 그에 대해 "유머가 뛰어난 좋은 손님"이라고 평가했다. 페이스북 친구들의 얘기를 종합해보니 B는 전직 권투 선수다. 주말마다 양로원에 나가 봉사활동을 하며, 교회 주일학교의 유아반 교사이기도 했다.

플래티넘 카드 고객인 A의 신용도는 최고다. B의 신용도는 알 도리가 없다. 하지만 에어비앤비의 집주인은 이제 B를 손님으로 고를 가능성이 훨씬 높다. B가 손님으로서 A보다 훨씬 믿을 만하기 때문이다. 더 이상 신용만이 재산이 아니다. 우리가 이용할 수 있는 사회적 자산에 신뢰가 추가되기 시작했다.

지금까지 기업들은 이른바 '블랙컨슈머'를 좋은 소비자보다 더 우

대해주는 말도 안 되는 일을 해야만 했다. 예를 들어 백화점에서는 조용히 쇼핑하는 고객은 제품 하자에 대한 항의를 할 때 그냥 불만만 처리해주고 돌려보낸다. 하지만 매장 앞에서 소리치며 항의하는 고객은 뒤로 따로 부른 뒤 상품권을 안겨준다. 그래야 다른 손님들이 눈살을 찌푸리지 않으니까.

이는 '브랜드'라는 게 기업만의 자산이기 때문이었다. 브랜드는 곧 기업의 평판이다. 평판을 쌓기 위해서는 많은 돈을 들여 마케팅을 하고, 고객 관리를 성실하게 하며, 광고비도 엄청나게 써야 한다. 이런 모델에서 소비자에겐 브랜드가 없었다. 당연한 얘기 아니냐고?

에어비앤비 같은 공유경제 모델에서는 당연하지 않은 얘기다. 소비자가 직접 자신의 브랜드를 관리해야만 한다. 앞서 예로 들었던 신용도가 높은 A와 신뢰도가 높은 B 가운데 평판을 관리한 건 페이스북을 통해 자신의 사생활을 공개하고 에어비앤비를 이용하면서 집주인에게 좋은 평가를 받고자 노력한 B였다.

이제 '성실히 살아온 인생'이 대접받기 시작했다. 마치 옛날 마을 공동체 생활을 하던 시절, 품앗이에서 동네 사람들에게 열심히 도와달라고 부탁하려면 평소에 성실하고 착하게 지내야 했던 것과 비슷한 일이 됐다. 쌀이라도 한 되 꾸려면 절구라도 고쳐줬어야 했던 시절의 평판이 새롭게 조명받게 된 것이다. 인상적이고, 어찌 보면 '인간적'이다.

하지만 문제도 있다. 공유경제가 보편화돼 더 많은 제품과 서비스가 이렇게 개인 간의 거래로 이동하게 됐다고 가정하면 사생활을 적극적으로 공유하지 않은 사람들은 상대적으로 손해를 보게 된다. 또 개인의 삶이 아닌 다른 영역의 삶이 소비생활에 영향을 줄 수도 있다.

1930년대의 미국에서는 독특한 방식의 대출 심사가 논란이 됐다. 중산층 흑인보다 백인 빈민층이 집을 사기 위한 주택 대출을 더 쉽게 받았기 때문이었다. 지금 생각하면 좀 어이없지만, 당시 미국 연방주택대출은행위원회FHLBB는 239개의 도시 지도를 펼쳐놓고 '거주 지역 안전 지도'라는 걸 그렸다. FHLBB는 빨간 줄로 '위험 지역'을 정해놓았는데, 범죄율이 높고 가난한 사람들이 많으며 무엇보다 주택 가치 상승이 거의 기대되지 않는 지역이었다. 그리고 이는 다른 말로 얘기하면 '흑인 거주 지역'을 뜻했다. '레드라이닝'이라는 악명 높은 용어는 이렇게 생겨났다.[21]

당시 미국은 공식적으로는 노예제가 철폐되고 백인과 흑인이 동등하게 살아가야 하는 사회였지만 실제로는 여전히 사람들 사이에서는 인종차별 분위기가 뿌리 깊게 남아 있던 국가였다. 은행의 입장은 확고했다. 빨간 줄로 그은 위험 지역에 모기지 대출을 해주면 집값이 오르지 않아 장기적으로 더 높은 위험부담을 은행이 짊어져야 한다는 얘기였다. 인종차별이 아니라 경제적 문제란 얘기였고, 틀린 얘기도 아니었다. 실제로 집값은 백인 거주 지역이 훨씬 높았다. 하지만 윤리적으로는 분명히 문제가 있어 보였다.

제프 자비스 교수는 이 '레드라이닝'이 소셜 미디어 시대의 새로운 경제에도 다시 부활할 수 있다고 경고했다.

"예를 들어 당신의 페이스북 친구들이 다 나쁜 사람들이라고 가정해봅시다. 하지만 당신은 좋은 사람이죠. 그러면 악당일 가능성이 높은 당신은 사회에서 자연스럽게 배제됩니다. 레드라이닝이 이런 것이었습니다. 소수자, 가난한 사람 등이 모여 사는 지역을 배제하면 그 지역에 대출의 기회가 더 줄어들게 되고, 그 지역 출신은 우리의 사회에서 점점 더 배제됩니다. 미국에서 레드라이닝이 금지된 건 이런 이유였어요."

그는 내게 뉴올리언즈 얘기도 들었다. 루이지애나 주의 아름다운 도시인 뉴올리언즈는 멋진 음식으로도 유명하다고 했다. 너무 맛있어서 사람들이 좋아한다는데, 이 음식에 문제가 하나 있다는 것이다. "뉴올리언즈 음식은 진짜 기름지거든요. 버터 천지에 동물성 지방 등 몸에 안 좋은 성분이 잔뜩 들었어요." 심지어 뉴올리언즈의 심장병 발병률은 다른 지역보다 높다. 그런데 보험회사가 뉴올리언즈 주민들에 대해 뉴올리언즈에 살고 있으니 보험료를 더 내라고 요구한다면 그건 옳은 걸까?

신뢰는 새로운 경제의 새로운 재산이 됐다. 이 가치 있는 재산은 새로운 방식의 거래를 가능하게 하고, 사람들에게 쉽게 기업가가 될 수 있는 방법을 제공한다. 신뢰가 보장되는 사회에서는 온갖 간접비용이 크게 줄어들게 마련이기 때문에 페이스북과 같은 소셜 미디어가 주는 가치는 높이 평가돼야 마땅하다.

하지만 기술은 그 스스로가 옳고 그름을 판단하는 게 아닌 인간이 만들어낸 문명의 일부일 따름이다. 기술의 발전과 그에 따라 출현하는 새로운 현상을 이해하고 통제하는 건 여전히 인간의 영역이다.

과연
무엇이 사생활인가

2009년 독일 정부는 구글과 독특한 합의를 이뤘다. 구글의 '스트리트뷰'라는 기능에 대한 합의였다. 구글은 이 기능을 만들어 미국부터 시작해 세계 각국의 거리 모습을 카메라로 촬영한 뒤 인터넷의 구글 지도 서비스를 통해 보여주고 있었다. 스트리트뷰를 이용하면 현장에 가지 않더라도 목적지의 실제 거리 모습을 360도로 회전시켜 볼 수 있는 화면을 통해 미리 볼 수 있는 획기적인 서비스였다.

독일 정부는 구글이 독일에서 이 서비스를 위해 거리 촬영을 시작하자 사생활 침해 우려가 있다며 구글의 움직임에 제동을 걸었다. 구글과 독일 정부는 이후 다시 합의에 이르렀는데 "독일인 누구라도 구글에 요청할 경우 자신의 집을 스트리트뷰에서 흐리게 표현하도록 해야 한다"는 게 골자였다.

독일의 얘기만이 아니었다. 구글은 한국에서도 스트리트뷰를 일부 지역에서 시작한 상태며 네이버와 다음 같은 한국의 인터넷 기업들도 동일한 서비스를 만들어 자신들의 지도 서비스에서 제공한다.

독일의 결정은 그래서 사생활을 다시 되돌아보게 만드는 계기가 됐다. 구글이나 네이버, 다음 등은 이미 자동차의 번호판과 사람의 얼굴 등 특정인을 식별할 수 있는 사진을 '블러(흐리게 만듦)' 처리하고 있다. 이런 개인을 알아볼 수 있는 정보는 의도치 않은 사생활의 노출을 가져온다는 판단에서다. 하지만 이는 특정 시간 또는 특정 장소에 누군가 존재했다는 맥락 때문에 사생활로 간주된다. 그런데 집은?

집 앞에 특정 빨래를 걸어놓는다거나, 과거의 페인트 색상이 현재까지 그대로 스트리트뷰에 나온다거나, 창문을 통해 집 안의 모습이 보이는 경우를 생각해보자. 그러면 이 사진은 맥락을 갖게 되고, 개인적인 정보를 드러내게 된다. 독일 정부가 건물 사진까지도 사생활로 간주해야 한다고 판단한 근거다.

문제는 거리는 사적인 공간이 아니라는 것이다. 특정한 맥락의 정보를 줄 수 있는 순간은 통제되는 영역이 아닌 그 거리를 지나는 불특정의 누군가에게 공개된 순간이다. 그 누군가가 해당 건물 앞을 지나가면서 디지털카메라로 주변 사진을 찍고 있었다면, 그러다가 우연히 해당 건물을 촬영했을 수도 있다면, 그리고 그가 이 사진을 페이스북에 올렸다면 우리는 과연 그 누군가에게 "당신은 사생활을 침해했다"고 얘기할 수 있을까? 구글과 개인은 과연 무엇이 다른가.

유럽의회는 2012년 초 '잊혀질 권리'에 대해 본격적으로 다시 논의하기 시작했다. 잊혀질 권리란 1995년 만들어진 데이터 보호법Data Protection Directive을 21세기에 맞춰 다시 해석해야 한다는 주장에서 나온 얘기였다. 데이터 보호법은 EU 내의 국가나 정부, 기업 등이 국민의 데이터를 수집해 저장하고 활용한다면 그 활용을 투명하게 해야 할 뿐만 아니라, 데이터를 보관해야 할 합법적인 근거가 있지 않은 경우 한 번 수집된 데이터를 삭제할 것을 요구하는 법안이었다. 예를 들어 정부가 국민의 데이터를 수집한다면 정부는 이렇게 모은 데이터를 활용이 끝나는 순간까지 계속 갱신해서 최신 상태를 유지해야 했고, 더는 활용할 필요가 없을 때엔 즉시 폐기해야 했다. 이런 과정을 통해 개인 정보는 투명하게 관리되고, 남용되지 않으며, 불필요한 곳에 저장돼 있지 않도록 한 것이다.

문제는 이런 제도가 21세기에 접어들면서 실질적으로 지켜질 수 없게 됐다는 점이다. 개인 정보는 이제 구글과 페이스북 같은 EU의 관할권을 넘어선 글로벌 기업의 서버에 저장되기 시작했고, 이런 기업은 EU의 데이터 보호법을 사실상 무시했다. 악의가 있다기보다는 불가능했기 때문이다.

예를 들어 페이스북에 자신의 온갖 사생활을 올려놓던 사람이 사망한 뒤에는 그 정보를 어떻게 처리해야 할 것인가. 간단히 생각해보면 유족이 삭제를 요청할 경우 삭제하면 될 거란 답이 가능하지만 실제로 발생할 수 있는 문제는 훨씬 복잡했다. 페이스북에는 댓글도 달 수 있고, '태그'란 기능을 통해 친구들과 연결할 수도 있기 때문이었다. 예를 들어 사망자의 사진에 사망자의 생존한 친구가 긴 댓글을 남겼다면 그 사진은 생존자인 친구의 동의 없이 삭제 가능한 것인가? 사진을 삭제하면 댓글도 삭제되지만 댓글의 소유자는 사망자가 아닌 생존자다. 댓글보다 훨씬 간단한 기능인 태그는 또 어떻게 볼지 고민되는 문제다. 태그란 댓글과 달리 사진 또는 글 등에 친구가 관련 있는 내용임을 알려주는 일종의 디지털 표식에 불과하다. 하지만 일단 태그가 되면 댓글과 다르지 않게 태그된 친구 또한 해당 글이나 사진을 자신의 것처럼 받아들인다.

그러니까 결과적으로는 '잊혀질 권리'를 주장하는 순간, 잊혀야 할 정보의 주인이 누구인지부터 헷갈리게 되는 셈이다. 예를 들어 친구들과 함께 등산을 갔다가 휴대전화 카메라로 찍어 페이스북에 올린 사진의 주인은 누구일까. 사진을 찍어달라고 부탁해서 찍어준 지나가던 등산객인가, 휴대전화의 주인인가, 아니면 사진 속에 등장한 친구들인가. 이런 사진이 페이스북에 올라갔다면 누가 '잊혀질 권리'를 주장할 수 있는가. 친구 A는 삭제를 원하고, B는 삭제를 원하지 않는다면?

미국과 유럽의 제도에 대한 견해 차이도 흥미롭다. 전통적으로 미국에서는 저작권을 중요하게 생각하고, 유럽에서는 잊혀질 권리를 중요하게 생각했다. 저작권은 창작물을 보호하기 위한 권리이고, 잊혀질 권리는 사생활을 보호하기 위한 권리다. 관계없는 일 같지만 사실 밀접하게 관련된 문제다.

제프 자비스는 나와의 대화에서 이런 얘길 들려줬다.

"당신은 지금 나와 나누는 이 인터뷰를 소재로 삼아 TV 드라마 극본을 쓸 수 있다. 우리 대화에서 오간 모든 농담이나 재미있는 일화가 당신의 드라마에 등장할 수 있고, 이건 당신의 소유다. 당신의 저작권인 것이다. 저작권에는 한계가 없다. 당신이 만들어내고 구성하는 것들이 모두 당신 소유다. 하지만 잊혀질 권리란 이 자리에서 있었던 일들을 당신이 알지 못하도록 만들려는 것이다. 과연 우리가 타인에게 뭔가를 알지 못하도록 강요할 수 있는가? 그런 건 기본적으로 불가능한 일이다."

　우리의 시대에서 사생활은 예전처럼 간단하게 생각하고 넘어갈 수 있는 문제가 아닌 복잡한 기술적 논쟁거리가 됐다. 그리고 우리는 이 변화 속에서 사생활 보호와 공공의 이익 가운데 어느 지점에선가 존재할 새로운 가치와 타협점을 찾아가는 중이다. 정답은 아직 어디에도 없다. 하지만 한 가지는 분명하다. 오래된 기준으로 현재를 판단하는 건 분명히 시대착오적인 오류로 이어지게 된다는 것이다.

에필로그

새로운 경제가 과연 우리의 삶을 바꿔놓을 수 있을까.

모두가 의문이다. 모두 두려워하고 있다. 일자리는 없어지고, 변화는 너무 거대하며, 적응을 원하는 속도는 폭력적일 만큼 빠르다. 우리의 시대는 한 번 뒤처지면 가차없이 우리를 버려두고 떠날 것 같은 열차처럼 느껴진다.

하지만 변화는 거부한다고 멈추지 않는다. 이런 변화를 멈추려 드는 사람들은 여지없이 시대의 흐름에 휩쓸려 사라지고 말았다. 다행인 건 우리의 시대는 지금까지의 어떤 변화보다 극적으로 빠르지만, 이 시대에 적응하는 우리의 모습 또한 그 어떤 변화보다 빠르게 이를 받아들이고 있다는 점이다.

많은 게 변했다. 기술이 다시 각광받고 있다. 스마트 열풍에 소셜 미디어 열풍까지 불어왔다. 사람들은 지금을 그저 10년 전의 인터넷을 통한 주식시장의 열풍처럼 느끼는지도 모른다. 이른바 '닷컴 버블' 말이다. 하지만 그때와 지금은 많은 게 다르다. 무엇보다 거래되는 재화의 종류가 달라졌다. 10년 전 인터넷으로 거래됐던 건 존재하지 않던 세계의 가치였다. 그러니까 사람들이 모두 인터넷을 쓸 거라는 가정하에 부풀어올랐던 인터넷 광고의 가치가 대표적이었다. 그 시절에는 인터넷을 통해 돈을 내고 음악 파일을 사는 사람도 없었고, 인터넷을 통해 돈을 내고 영화를 보는 사람도 없었다. 모든 게 불투명했다. 그땐 인터넷 그 자체가 실체 없는 무언가였다.

하지만 지금은 아니다. 인터넷은 지금 보조적인 수단에 지나지 않는다. 철도가 가치를 만들어내는 건 도시와 도시를 연결할 때다. 인터넷은 철도와 같다. 문제는 10년 전에는 철도만 존재했지 철도역을 건설할 도시가 없었다는 사실이다. 지금은 다르다. 모든 게 인터넷을 통해 거래된다. 단순히 전자상거래의 비중이 높아졌다는 얘기가 아니다. 지금까지 살펴본 모든 기업의 사례들이 인터넷 덕분에 가능한 새로운 사업들이었다. 긴 겨울방학 동안 하버드 기숙사에서 사업을 시작했던 비키, 텍사스 집 책상에 앉아 얼굴 한 번 본 적 없는 폴란드 친구와 인터넷으로 창업한 조슈아 워렌, 여행 경험을 나누고, 빈 방을 나누고, 남는 음식을 나누고, 남는 차를 나누는 수많은 사람들. 그들의 사업이 글로벌해지면서 동시에 아주 개인적인 관계를 중시하는 사업이 될 수 있었던 건 우리가 생각하지도 못한 사이에 이 모든 거래의 아래에서 복잡한 일들을 자동으로 처리해주는 인터넷으로 연결된 컴퓨터들 덕분이었다.

그 덕분에 '효율적이지 못하다'는 이유로 무시됐던 수많은 사소한 것들에 생기가 불어넣어졌다. 잊혔던 개인의 재능이 다시 쓰이게 됐고, 필요없다 생각된 농부의 이름이 농산물의 품질을 결정하는 시대가 다시 열렸다. 우리 개인의 독특한 취향은 그대로 존중받을 수 있게 됐고, 100만 개의 틈새시장은 전 지구적으로 피어나면서 복잡한 거미줄 속에 얽혀 들어가기 시작했다. 그리고 그 모습이 바로 전체를 통제하는 중심부가 없이 수평적으로 확산된 인터넷의 모습과 같았다.

　이런 변화된 환경에서 등장하는 새로운 기업들은 더는 기존의 거대 기업과 정면으로 부딪힐 일이 없다. 전통적인 기업이 아니기 때문이다. 독특한 여행 경험을 제공하는 서비스인 바이어블의 창업자 제이미 웡은 이런 시대를 설명하면서 "마이크로 기업가의 경제Micro Entrepreneurship Economy가 뜬다"라고 했다.[22] 팰로앨토리서치센터PARC의 W. 브라이언 아서는 이를 '제2의 경제'라고 불렀다. 디지털로 연결된 근본적인 변화라는 얘기다. 그러니까 지금 우리가 겪고 있는 새로운 세계의 변화는 아직도 전문가들조차 어떤 이름으로 부를지 결정하지도 못한 놀라운 변화다. 그럼에도 불구하고 수많은 사람이 마치 몸에 맞는 옷을 입은 것처럼 적응해서 변화를 이끌고, 변화에 참여해 나가는 중이다. 놀랍다고밖에는 달리 표현할 길이 없다.

　개인적인 경험을 한 가지 얘기하면서 마무리하고 싶다. 그동안 이 책을 쓰면서 책에 사용된 상당수의 이야기를 나는 내 블로그를 통해 공개해왔다. 좋은 경험이었다. 물론 블로그에 연재했던 글들은 단편적이고, 서로 연결되지 않은 주제를 매우 간헐적인 시간 간격을 두고 다뤘다. 하지만 그렇게 다뤄진 이야기들이었음에도 많은 독자가 좋은 반응을 보내줬다. 그 덕분에 내 블로그도 함께 인기를 끌었다. 이 과정에서 내 글들을 널리 퍼뜨려준 건 트위터와 페이스북이라는 새로운 소셜 미디어였다. 내가 다니는 직장도, 온라인에서 무소불위의 권위를 갖고 있다던 한국의 포털 사이트들도 아무런 영향력도 발휘하지 않았다. 그저 입소문의 힘으로 콘텐츠가 퍼져나갔다. 그 과정에서 도움이 됐던 건 무엇보다 공감을 느끼면 자신의 공감을 타인과 공유하는 데 적극적이었던 내 주변 친구들의 선의였다.

이 과정에서 나는 아마도 약간의 명성을 얻었다고 봐야겠다. 그리고 내 책을 지원해주고 응원해줄 좋은 사람들도 함께 만날 수 있었다. 아마 비록 그렇게 하지는 않았지만, 내가 블로그에 광고를 붙였다면 어느 정도의 수입도 얻을 수 있었으리라.

그런데 이 모든 일을 이루는 데 필요했던 내 수고는 글을 쓰는 시간을 제외한다면 단지 몇 시간의 추가 노동에 불과했다. 그 정도로 꽤 많은 걸 얻은 셈이었다. 과거였다면 여기까지 이르는 여정은 책을 한 권 써내는 것으로 끝날 일이었다. 하지만 인터넷을 사용하면서 얻은 지식과 기술 덕분에 내게는 다른 형태의 소통 채널이 생겨났다. 그래서 책은 여기서 마무리하지만 이 책에서 다뤘던 주제와 비슷한 형태의 기업들은 앞으로도 내 블로그 '인터프리팅 컴파일러interpiler.com'를 통해 추가로 소개할 생각이다.

우리 모두가 오늘날의 세상에서는 이런 식으로 일한다. 작고 가볍게 시작하고, 일이 진행되는 과정을 즐기며, 결과물이 완성된 뒤에도 마무리하는 대신 아이디어를 계속 발전시켜 나간다. 그러니까 우리의 시대에는 '뭔가를 한다'는 것의 정의를 처음부터 다시 내리는 일이 과거보다 훨씬 더 빈번해졌다. 기획서를 심각하게 쓰고, 과정보다는 결과에 집착하며, 일단 끝난 일은 버려두는 시대는 지나갔다.

그래서 이제는 매뉴얼대로 살아가는 삶이 아니라 심장이 뛰게 만드는 일을 하는 삶이 어느 때보다도 더 존중받기 시작했다. 아마도 이렇게 살려면 조금의 용기는 필요할지 모른다. 하지만 무슨 일이든 처음 시작하려면 작은 용기 정도는 필요하게 마련이다.

그리고 우리 모두는 알고 있다. 우리의 직관이 그렇게 얘기하고 있기 때문이다. 빨리 움직이라고. 변화는 이미 시작됐다고.

1 » 국제전기통신연합(ITU), Top 15 economies by 2002 broadband penetration, 2002.

2 » 태국 방콕의 여행자 거리. '배낭여행자의 해방구'로 불린다. 값싼 숙소와 여행사, 각종 비자 및 여행 서류 대행사 등이 모여 있고, 배낭여행자들끼리 정보를 나누는 카페와 술집 등도 몰려 있다.

3 » http://www.apple.com/pr/library/2008/04/03iTunes-Store-Top-Music-Retailer-in-the-US.html.

4 » W. Brian Arthur, "The Second Economy", *McKinsey Quarterly*, 2011년 10월.

5 » http://www-03.ibm.com/press/us/en/pressrelease/35597.wss.

6 » Peter S. Goodman, "Despite Signs of Recovery, Chronic Joblessness Rises", *The New York Times*, http://www.nytimes.com/2010/02/21/business/economy/21unemployed.html?pagewanted=all, 2010년 2월 20일.

7 » President's Council of Advisors on Science and Technology, Report TO The President And Congress Designing A digital Future: Federally Funded Research AND Development IN Networking AND Information Technology, http://www.whitehouse.gov/sites/default/files/microsites/ostp/pcast-nitrd-report-2010.pdf, 2010.

8 » Erik Brynjolfsson & Andrew McAfee, *Race Against The Machine: How the Digital Revolution is Accelerating Innovation, Driving Productivity, and Irreversibly Transforming Employment and the Economy*, Digital Frontier Press, 2012.

9 » 이 글을 쓰고 있는 2012년 5월 말까지는 베타테스트 기간으로 아무런 보관료도 받지 않고 있다.

10 » 국제 표준 도서 번호(International Standard Book Number, ISBN)라는 뜻으로, 13자리 숫자를 이용해 개별 책에 고유하게 붙이는 국제 표준 양식이다. 이 번호를 이용하면 책을 쉽게 검색할 수 있다.

11 » 돈 탭스콧, 『디지털 네이티브』, 이진원 옮김, 비즈니스북스, 2009, 51쪽.

12 » Hal Varian, "Technology Levels the Business Playing Field," *The New York Times*, http://www.nytimes.com/2005/08/25/business/25scene.html, 2005년 8월 25일.

13 » Thomas Malone, Robert Laubacher, Tammy Jones, "The Age of Specialization," *Harvard Business Review*, 2011년 7월.

14 » 레이철 보츠먼 · 루 로저스, 『위 제너레이션』, 이은진 옮김, 푸른숲, 2011, 118쪽.

15 » http://www.kickstarter.com/projects/597507018/pebble-e-paper-watch-for-iphone-and-android.

16 » 제러미 리프킨, 『3차 산업혁명』, 안진환 옮김, 민음사, 2012, 175쪽.

17 » 문영미, 『디퍼런트』, 박세연 옮김, 살림Biz, 2010, 249쪽.

18 » http://www.vayable.com/experiences/187-scout-for-street-art

19 » 레이철 보츠먼, 루 로저스, 앞의 책, 279쪽.

20 » 이나리, 「엄마가 나를 때렸다 다 잊은 줄 알았다 그런데……」, 『중앙일
      보』, http://article.joinsmsn.com/news/article/article.asp?total_
      id=8032774, 2012년 4월 30일.

21 » Kenneth T. Jackson, *Crabgrass Frontier: The Suburbanization of
      the United States*, Oxford University Press, 1985, 214쪽.

22 » Jamie Wong, *The Rise Of The Micro-Entrepreneurship Economy*,
      Fast Company, http://www.fastcoexist.com/1679903/the-rise-of-
      the-micro-entrepreneurship-economy, 2012.

감사의 글

무엇보다 인터뷰에 응해주신 모든 분들께 감사드립니다. 여러분들이 안 계셨다면 책을 시작할 생각조차 못 했을 겁니다. 귀여운 고양이 수나의 주인인 벨몬트의 마유코 유타카 부부, 이태원 뒷골목의 조민성 대표님, 일산의 장웅 대표님, 중요한 단초가 된 인터뷰 내용을 전해줬던 존경하는 후배 김현수 기자, 비키의 창업자 문지원 호창성 부부, 텍사스의 조슈아, 오데스크의 게리 스와트 대표님, 이탈리아와 창원의 정승준 문서영 씨. 아마추어 요리사 김선영 님과 집밥의 박인 대표님. 구례의 생각이 깊은 농부 한경민 님, 헬로네이처의 박병열 조태환 님, 번개장터의 장영석 님과 장원귀 님, 안암동의 이동건 백민서 님, 뉴욕의 오현석 대표님, 구로의 이성영 대표님, 그리고 이 모든 이야기의 시작이 되는 인상적인 얘기를 들려주고, 좋은 사람들도 소개해줬던 샌프란시스코의 카테리나, I cannot appreciate you more. 정신없이 바쁜 일정 속에서도 이메일 인터뷰에 성의 있게 응해주셨던 임정욱(@estima7이란 트위터 아이디로 더 익숙한) 선배님, 『중앙일보』의 이나리 선배님, 한국을 찾은 짧은 시간 동안 별도로 시간을 내주셨던 제프 자비스 교수님, 에어비앤비의 에밀리, 책에 많은 분량을 소개하지 못해 죄송한 마음이지만 초기 기획 단계부터 격려해주셨던 코자자의 조산구 대표님, 조 대표님은 원하는 걸 해내고야 마는 적극적인 삶을 온몸으로 보여주셨죠. 그리고 커다란 울타리 임규진 선배님. 무엇보다 이 책의 첫 번째 독자였고, 첫 번째 비판자였으며, 가장 애정 어린 팬이었던 아내. 오류는 제 책임이지만, 이 책에 읽을 만한 부분과 매력적인 부분이 존재한다면 그 상당 부분은 아내의 공입니다. 끝으로 버스커버스커. 마무리 작업 때 밤을 꼬박 새울 수 있던 건 당신들의 음악 덕분입니다.

The
big SMALL
빅 인터넷과 공유경제가 만들어낸 백만 개의 작은 성공
스몰

초판 1쇄 발행일 2012년 7월 23일
초판 4쇄 발행일 2015년 11월 11일

지은이 김상훈 펴낸이 강병철
펴낸곳 자음과모음 출판등록 1997년 10월 30일 제313-1997-129호
주소 04083 서울시 마포구 성지길 54
전화 편집부 (02)324-2347, 경영지원부 (02)325-6047 팩스 편집부 (02)324-2348, 경영지원부 (02)2648-1311
이메일 inmun@jamobook.com 커뮤니티 cafe.naver.com/cafejamo

ISBN 978-89-5707-680-4 (03320)